FACULTÉ DE DROIT DE PARIS

DROIT ROMAIN

DE LA

PERTE DE LA CHOSE DUE

DROIT FRANÇAIS

DE LA

L'ENCHÈRE DU SIXIÈME

ET SPÉCIALEMENT DE SES EFFETS

THÈSE POUR LE DOCTORAT

PAR

Gustave PERRIN

AVOCAT A LA COUR D'APPEL

PARIS

LIBRAIRIE NOUVELLE DE DROIT ET DE JURISPRUDENCE

ARTHUR ROUSSEAU, ÉDITEUR

14, RUE SOUFFLOT ET RUE TOULLIER, 13

1891

THÈSE
POUR LE DOCTORAT

DROIT ROMAIN

DE LA

PERTE DE LA CHOSE DUE

DROIT FRANÇAIS

DE LA

SURENCHÈRE DU SIXIÈME

ET SPÉCIALEMENT DE SES EFFETS

THÈSE POUR LE DOCTORAT

L'ACTE PUBLIC SUR LES MATIÈRES CI-APRÈS

Sera soutenu le Lundi 27 Juillet 1891, à 4 heures

PAR

Gustave PERRIN

AVOCAT A LA COUR D'APPEL

Président : M. GARSONNET.

Suffragants : { MM. LABBÉ, BOISTEL, } *professeurs.*
Léon MICHEL, *agrégé.*

PARIS

LIBRAIRIE NOUVELLE DE DROIT ET DE JURISPRUDENCE

ARTHUR ROUSSEAU, ÉDITEUR

14, RUE SOUFFLOT ET RUE TOULLIER, 13

1891

PARENTIBUS ET AMICIS MEIS

DROIT ROMAIN

PERTE DE LA CHOSE DUE

INTRODUCTION

Lorsqu'une chose a fait l'objet d'une obligation et que cette chose vient à être détruite par suite d'un événement fortuit, c'est-à-dire qui n'est imputable à aucune des parties en cause, on est porté tout naturellement à se demander quelles sont les conséquences de cette perte de la chose due, relativement au sort de l'obligation elle-même.

C'est cette question que nous nous proposons d'examiner dans cette étude.

Nous verrons que la perte de la chose due est un mode d'extinction des obligations, qui au même titre que le paiement, opère *ipso jure*, d'après les lois fondamentales du droit romain, et ne laisse rien subsister de ce *vinculum juris* qui enchaînait le débiteur au créancier; le lien qui les

1

unissait se trouve rompu *(solutum)* ; le débiteur recouvre pleinement cette liberté qu'il avait un instant aliénée ; son obligation est éteinte d'une façon absolue et n'est remplacée par aucune autre.

Si tels sont les effets de la perte de la chose due, il nous faut rechercher successivement, en quoi consiste exactement ce mode d'extinction, quel en est le fondement, quelles sont les conditions nécessaires pour qu'il soit pleinement admis.

Puis une fois ce mode d'extinction étudié en lui-même, nous nous demanderons, qui du créancier ou du débiteur, doit supporter cette perte de la chose due. Nous verrons s'il est possible de dégager une loi générale, qui nous permette de résoudre cette question des risques dans tous les contrats, et à ce propos, nous examinerons les différents systèmes qui sont présentés comme était l'expression même de la doctrine romaine.

Enfin abordant l'étude des différents contrats que nous présente le droit romain et que nous diviserons à cet effet en contrats unilatéraux et contrats synallagmatiques, nous exposerons à l'aide des textes, les solutions particulières données par les jurisconsultes romains à notre question et les conséquences de notre mode d'extinction relativement à chacun de ces contrats.

CHAPITRE PREMIER

ÉTUDE DE LA PERTE DE LA CHOSE DUE AU POINT DE
VUE DES ÉLÉMENTS INTRINSÈQUES DE CE MODE
D'EXTINCTION DES OBLIGATIONS.

§ I. — Que faut-il entendre par perte de la chose due ?

Une chose *(res)* a fait l'objet d'un rapport d'obligation : une personne Primus *(debitor)*, s'est obligée relativement à cette chose envers une autre
Secundus *(creditor)*. Quand peut-on dire qu'il y a
perte de cette chose *(debitum)*, que l'obligation est
éteinte?

Une chose peut périr de deux manières, soit physiquement, soit juridiquement ; physiquement,
lorsqu'elle subit une décomposition qui l'empêche
pour toujours de revivre sous sa forme primitive,
juridiquement, lorsqu'elle tombe hors du commerce ou qu'elle perd son individualité sans cesser
toutefois de pouvoir la reprendre.

L'objet de l'obligation peut être d'abord, un esclave, un navire ; l'esclave meurt, le navire brûle,
voilà une perte physique.

C'est encore un esclave qui a été stipulé ; le maître de cet esclave l'affranchit, le patron du navire en décompose la charpente, voilà au contraire une perte juridique.

Nous pouvons supposer également qu'une chose qui était dans le commerce se trouve mise tout à coup *extra commercium*, d'une façon absolue, lorsqu'elle ne comporte plus aucune appropriation privée, comme les personnes libres, les *res sacræ, religiosæ, sanctæ, les res publicæ...*, d'une façon relative, lorsqu'elle ne comporte plus le droit de propriété d'un individu déterminé, le créancier, comme les fonds provinciaux à l'égard du gouverneur de la province, les esclaves chrétiens à l'égard d'un juif, d'un hérétique, ou d'un païen..... C'est enfin une chose qui avait été valablement stipulée par le créancier et qui devient sienne (1). Toutes ces hypothèses sont autant d'exemples de perte juridique de la chose due.

Lorsqu'une chose est détruite physiquement, on conçoit que l'obligation dont elle était l'objet et qui se trouve ainsi éteinte ne puisse pas plus revivre que la chose elle-même, mais lorsqu'il s'agit de perte juridique, on pourrait soutenir que l'obligation est plutôt paralysée qu'éteinte et qu'elle reprendrait toute sa force, si plus tard la chose

_____

(1) Inst. § 2 De Inutil. Stipul. III, 19.

venait à rentrer dans le commerce ou à recouvrer son individualité. Cette opinion qui avait été soutenue par Celsus (1) n'a pas prévalu ; le jurisconsulte Paul nous le dit, lorsque l'esclave affranchi retombe en servitude, lorsque le navire est reconstruit avec les mêmes matériaux, il y a là un nouvel esclave, un nouveau navire ; l'objet de l'obligation ne serait plus le même, celle-ci est donc éteinte d'une façon absolue et ne peut renaître (2).

Des difficultés peuvent se présenter sur la question de savoir si une chose a perdu oui ou non son individualité. Prenons par exemple l'hypothèse du navire : Le patron en a décomposé la charpente « *navis resoluta est* » puis « *ex üsdem tabulis* » il l'a reconstitué. Celui qui s'était obligé relativement à ce navire sera-t-il dans tous les cas libéré de son obligation ? Les Jurisconsultes romains et notamment Paul dans le fragment ci-dessus, distinguaient d'après l'intention qui avait présidé à la décomposition du navire. « *Et navis si hac mente resoluta est, ut in alium usum tabulæ destinarentur, licet mutato consilio perficiatur, tamen et perempta prior navis.... sed si reficiendæ navis causa, omnes tabulæ refixæ sint, nondum intercidisse navis videtur et compositis rursus eadem esse incipit.* » Dans

---

(1) Loi 79, § 3 Dig. De legatis 3·.
(2) L. 83, § 5 Dig. (45-1). L. 98, § 8, Dig. (46-3).

le premier cas l'obligation est éteinte, dans le second elle n'a jamais cessé d'exister.

Une autre hypothèse controversée se présente dans le cas où l'on a stipulé le fonds d'autrui et où le propriétaire a bâti sur ce fonds : « *Aream promisi alienam, in ea dominus insulam œdificavit.* » Paul nous répond au même fragment, que dans ce cas le fonds, *area*, n'avait pas cessé d'être *in rerum natura* et que l'obligation n'était pas éteinte par cet événement « *imo et peti potest area et œstimatio ejus solvi debebit* ».

Citons enfin un dernier exemple : l'esclave que je t'ai promis a été pris par l'ennemi ; mon obligation sera-t-elle éteinte ? C'est encore Paul qui nous répond : dans ce cas l'obligation n'est pas éteinte, elle est seulement paralysée et si l'esclave revient à Rome on pourra alors le réclamer. « *Hic interim peti non potest, quasi ante diem, sed si redierit postliminio recte tunc petetur.* » Mais c'est là un cas tout particulier et ce n'est que grâce à la fiction du postliminium que Paul a pu donner cette solution.

Il y a encore toute une série d'hypothèses où nous pouvons trouver des exemples de perte juridique. Je fais allusion à certains événements, qui tout en faisant perdre à la chose due son individualité, n'ont pas pour effet d'anéantir sa valeur, mais seulement de la transformer. Il y a bien perte

de la chose due au point de vue de l'obligation :
cet objet n'est plus juridiquement le même. Notre
mode d'extinction doit donc s'appliquer.

Citons d'abord les cas où une chose mobilière
a été incorporée à un immeuble, où des construc-
tions ont été élevées, des plantations faites sur le
sol ; les matériaux, les arbres qui ont été ainsi in-
corporés au sol, ont perdu leur individualité
« *superficies solo cedit, plantæ quæ solo coalescunt
solo cedunt* (1). »

Lorsque deux choses mobilières ont été réunies
de telle façon qu'on ne les puisse plus séparer,
nous voyons encore une chose perdre son individualité : le lingot d'argent que je vous avais
promis a été confondu avec un autre ; la pourpre
que je vous devais a été incorporée à un vêtement ;
ce lingot, cette pourpre ne peuvent plus être
donnés.

Enfin nous pouvons mentionner en terminant,
tous les phénomènes de spécification. Un lingot de
métal, par exemple, a été transformé en statue ou
en vase, du vin et du miel en œnomel (2) :

Une controverse s'était élevée à ce sujet entre
les Proculiens et les Sabiniens. Les Sabiniens n'y
voyaient pas une perte de la chose et attribuaient
la propriété de l'objet nouveau au propriétaire de

(1) Gaius, Inst. III § 73. Inst. de Just. L. II t. 1, § 32.
(2) Instit. II, 1, § 25.

la matière. Les Proculiens au contraire voyaient dans toute destruction une transformation et réciproquement, et admettaient la solution contraire (1).

Entre les deux opinions la pratique romaine avait pris un moyen terme et décidait qu'il n'y avait perte de la chose que lorsqu'il y avait impossibilité de la ramener à sa forme primitive (2).

Nous voyons donc en somme qu'il n'y a perte de la chose que lorsque l'objet est anéanti matériellement ou n'est plus susceptible d'une valeur commerciale, c'est-à-dire dans le cas d'abord où cette chose a perdu toute valeur marchande, puis enfin lorsque cette valeur sans être anéantie se trouve transformée en une autre par la perte irrévocable de son individualité, cette individualité ne pouvant être recouvrée d'ailleurs, soit par suite d'une impossibilité matérielle (elle n'est plus reconnaissable), soit par suite d'une disposition législative qui, dans un but d'intérêt privé ou public, interdit aux particuliers de lui rendre cette individualité.

---

(1) Gaius, Inst. II, 79.
(2) Inst. II, 2, § 25. Loi 7 § 7. l.. 24 § 26, Dig. (41, 1).

§ II. — Quel est le fondement de ce mode d'extinction des obligations ?

Que la perte de la chose due soit physique ou juridique, nous n'avons pas à distinguer au point de vue de ses effets ; c'est toujours un mode d'extinction *ipso jure* qui éteint l'obligation d'une façon absolue. (1)

Mais comment justifier ces effets ? Comment expliquer qu'un débiteur qui a promis une chose soit libéré de son obligation, lorsque cette chose vient à périr ?

Nous savons que l'une des conditions essentielles de validité des obligations, c'est l'existence d'un objet. On conçoit donc qu'une obligation ne puisse pas plus subsister lorsque son objet vient à disparaître, qu'elle ne peut naître lorsque cet objet fait défaut. (2)

Or, ne plus avoir d'objet ou avoir un objet impossible, c'est pour une obligation une seule et

---

(1). — Ce mode d'extinction opère *ipso jure*. A l'appui de cette opinion on invoque le texte de Paul 98, § 8. Dig. (46. 3) : l'obligation ne peut plus renaître. De même *Institutes*, liv. III, tit. 19 § 1 et 2 : Il n'y a aucune obligation, de même que lorsque la stipulation est inutile *ab initio* ; elle ne peut être validée par l'apposition d'une condition. — *contra*. Loi 3, § 1 Dig. (4, 9.) « *Non iniquum exceptionem ei dari.* » — Ce texte se rattacherait à l'opinion de Celsus.

Voyez aussi Loi 33, Dig. (45, 1) — Loi 107 (46, 3.)

(2). — Instit. § 2, III, 19,

même chose : elle ne peut plus être exécutée. La
perte de la chose due au sens que nous avons indiqué précédemment, s'analyse donc finalement
en une impossibilité d'exécution. En présence de
cette impossibilité, le créancier qui pouvait anté-
rieurement exiger du débiteur une prestation
quelconque, ne peut plus rien lui demander, car
le bon sens et l'équité indiquent que personne ne
peut être tenu à l'impossible. Le lien de droit qui
unissait le débiteur à son créancier se trouve, non
pas annulé, mais bien rompu, au même titre qu'il
le serait par un paiement *(solutum est,* au sens général du mot.) L'obligation est censément exécutée (1), (2).

Du reste cette impossibilité d'exécution qui justifie le mode d'extinction des obligations peut
s'appliquer aussi bien aux obligations de faire ou
de ne pas faire, qu'aux obligations de donner ou
de prester ; la perte de la chose due n'est qu'une
espèce particulière d'impossibilité ; les unes

---

(1) Si l'on disait en effet que l'obligation est annulée faute d'objet,
il faudrait dire aussi que le contrat lui-même, qui a donné naissance
à cette obligation, est nul, faute de cause. Cette opinion qui a été soutenue à propos de la question des risques, doit être rejetée, car elle
aboutirait, notamment en matière de contrats synallagmatiques, à des
conséquences qui n'ont jamais été admises par personne, à celle-ci
par exemple de mettre les risques à la charge des vendeurs dans le
contrat de vente.

(2) Voyez Loi 107, Dig. (46, 3). « *Verborum obligatio resolvitur, natu-
raliter veluti solutione, aut cum res in stipulationem deducta, sine culpa
promissoris, in rebus humanis esse desiit.* »

comme les autres peuvent, pour une cause ou pour une autre, devenir impossibles à exécuter et en ce cas, la raison et l'équité exigent qu'on les regarde comme exécutées, sous certaines conditions bien entendu que nous allons étudier. (1)

Pour nous résumer et justifier d'un mot notre mode d'extinction des obligations, nous dirons avec les textes : A l'impossible nul n'est tenu. « *Impossibilium nulla obligatio.* » (2)

Impossibilité relative. — Perte partielle. — Le fondement de notre mode d'extinction étant l'impossibilité d'exécution, tout ce que l'équité exige c'est que le débiteur soit libéré dans les limites de cette impossibilité. Il semble donc tout naturel que si cette impossibilité n'est que partielle, le débiteur reste tenu pour le surplus. Si la perte de la chose ne lui doit pas nuire, elle ne doit pas lui permettre à l'inverse de réaliser un bénéfice au détriment du créancier ; si la chose n'a péri qu'en partie, on conçoit donc qu'il doive fournir au créancier la partie qui subsiste, tout ce qui reste de la chose et peut présenter encore une utilité quelconque, comme le pécule d'un esclave, le harnachement d'un cheval...

(1) L'impossibilité, non occasionnée par la faute, équivaut à l'exécution. — La loi 5, § 1, Dig. (18, 5,) l'établit pour la vente. — La loi 3 § 4, Dig. (12, 4,) pour un contrat innommé qui présente une grande analogie avec la vente.

(2). — L. 185, Dig. (50, 17.)

Telles semblent bien être les préceptes de l'é-
quité, et c'est par suite de ces idées que l'on décidait que le débiteur en cas de perte de la chose,
devait transmettre au créancier toutes les actions
qui avaient pu naître à cette occasion à l'effet de
réparer le préjudice, et qui devaient lui appartenir puisque lui seul souffrait de ce préjudice. Le
débiteur doit donc céder à son créancier l'action
legis Aquiliæ lorsque la chose a été détruite par un
tiers, la *revendicatio* et l'action *furti* si elle a été
volée (1).

§ III. — Quelles sont les conditions nécessaires pour que la perte de la chose due libére complétement le débiteur ?

Ces conditions sont au nombre de trois. Il faut :
1º que l'obligation ait pour objet un corps certain.
— 2º que le débiteur ne soit pas en faute, c'est-à-
dire que la perte de la chose ait eut lieu par suite
d'un cas fortuit. — 3º Enfin que le débiteur ne soit
pas en demeure.

Première condition. — Il faut qu'il s'agisse
d'une obligation de corps certain :

Si l'on conçoit qu'une chose puisse être anéantie, être mise hors du commerce, cela ne peut

---

(1) Instit. III, 23 § 3.

s'entendre que d'un corps certain, qui ayant une individualité propre peut se la voir enlever par un événement quelconque, mais pour qu'une chose déterminée seulement *in genere*, vienne à périr, il faudrait imaginer que ce genre lui-même vienne à disparaître tout entier, de sorte que l'obligation ne puisse plus être exécutée ; or l'épuisement absolu d'un genre suppose des siècles, quelquefois même une révolution dans le globe. Cependant à côté des créations de la nature pour lesquelles cette destruction totale d'un genre est presque impossible, il y a les produits de l'art et de l'industrie qui eux peuvent disparaître plus aisément. Par exemple j'ai stipulé *in genere* un manuscrit contenant tel ouvrage, ou un tableau appartenant à telle école, on conçoit très bien que tous les manuscrits ou tous les tableaux de la catégorie désignée, périssent par suite d'un événement antérieur à l'exécution de la promesse.

Quoiqu'il en soit, ces hypothèses sont tout à fait exceptionnelles et de nature à ne se présenter que rarement. Aussi pouvons-nous admettre en principe que *genera non pereunt* et affirmer que ce mode d'extinction est particulier aux obligations de corps certain.

2e condition. — Il faut que la perte de la chose due résulte d'un cas fortuit.

Lorsqu'une chose vient à périr et que l'on veut

savoir quel sera en conséquence le sort de l'obligation dont elle était l'objet, il faut se demander avant tout par suite de quel événement cette perte est arrivée.

Si c'est par le fait ou la faute du débiteur, celui-ci ne sera pas libéré mais son obligation sera transformée ; il devait primitivement un corps certain, il en devra maintenant la valeur. Si c'est au contraire par suite d'un cas fortuit, son obligation est éteinte, il est complétement libéré(1).

Le cas fortuit est donc une condition nécessaire de la libération du débiteur.

Qu'est-ce qu'un cas fortuit ? — Il y aura cas fortuit toutes les fois que la perte de la chose sera la conséquence d'un événement qui ne pourra en aucune façon être imputé au débiteur. Mais qui sera juge de cette absence de faute chez le débiteur ? Dans certains cas la faute sera évidente et pourra être facilement démontrée, mais il n'en sera pas toujours ainsi ; présumera-t-on alors la faute ou le cas fortuit ? N'y a-t-il pas des événements qui par eux-mêmes constitueront toujours des cas fortuits et à quels signes les reconnaître ?

On peut répondre avec Vinnius qu'on doit considérer comme tels les événements que l'homme ne peut ni prévoir ni empêcher. « *Casum fortuitum*

(1) L. 23. D. (50, 17) « *Animalium casus, mortes, quæque sine culpa accidunt a nullo præstantur.* »

definimus omne quod humano cœptu prœvideri non potest aut cui prœviso non potest resisti » (1).

Ulpien avant lui, avait déjà donné la même définition du cas fortuit dans deux lois au Digeste : « *Omnem vim cui resisti non potest* » et « *quia fortuitos casus nullum consilium providere potest* » (2).

Il n'y a pas lieu selon nous de distinguer entre le cas fortuit proprement dit et la force majeure, cette dernière expression s'appliquant plus particulièrement au cas fortuit lorsqu'il résulte non du simple jeu des lois de la nature physique, mais d'actes de violence accomplis par des hommes, comme un vol à main armée par exemple (3). Cette distinction en effet, si elle peut présenter quelque utilité pour l'interprétation de certaines conventions particulières n'a pas d'intérêt général (4).

Il en est de même de quelques autres classifications que nous trouvons dans les auteurs et qui consistent à diviser les cas fortuits soit d'après

---

(1) Vinnius, tome II, livre III, tit. 15. *Quibus modis contrati oblig.* page 25.

(2) Loi 15, § 2, Dig. (19, 2). — Loi 2. § 7, Dig. (50, 8).

(3) Instit., § 2. *Quibus modis de contr. oblig.* (3, 14). — Domat, Traité des Lois civiles, liv. I, tit. IV, Sect. IV, n° 6.

(4) On pourrait peut-être établir une différence entre le cas fortuit et a force majeure : Lorsque la chose périt par cas fortuit *cad* par suite d'un événement qui n'est imputable à personne, la perte est absolue et sans aucune compensation pour celui qui la subit. Lors au contraire qu'il s'agit d'un cas de force majeure, comme cet événement est toujours imputable à quelqu'un, la victime de cette violence pourrait, à l'aide des actions qui lui sont accordées contre les auteurs de ces faits, avoir l'espoir d'obtenir quelque compensation.

leur origine, selon qu'ils résultent d'une *vis interna*
ou d'une *vis externa* (1), soit d'après leur fréquence,
en soliti, insoliti et insolitissimi (2).

Nous ne trouvons d'ailleurs dans les textes
aucune trace de ces distinctions et les exemples
de cas fortuits qu'ils nous présentent sont confon-
dus par eux dans une seule et même énumération...
les tempêtes de pluies ou de grêle, le feu du ciel,
les chaleurs et les frimas excessifs, l'invasion de
l'ennemi, les inondations (3), — les naufrages, la
piraterie (4), — les éboulements ou tremblements
de terre (5), — la mort, les maladies (6), — le vol
à main armée (7).

Tous ces événements, bien entendu, ne peuvent
constituer des cas fortuits, qu'autant qu'ils se sont
produits avec une force extraordinaire et inaccou-
tumée ; il faut, disent les textes, que la sécheresse,
les chutes des neiges aient été excessives et anor-
males ; il faut en un mot que le débiteur ne soit
pas en faute en ne les ayant pas prévus.

C'est pour cela que les textes en présentant le
vol comme un cas fortuit, supposent toujours

(1) Donneau. *Comment. in Codi ad legem*, 6, IV. 24.
(2) Lauterbach. *In Pandectas*, tome I, lib XIII, tit. 6, n° 47. Coccëius.
In libr. XIII, tit 6, Dig., page 248.
(3) Loi 15, § 2, Dig. (19, 2).
(4) Loi 3, Dig. (4-9).
(5) Loi 5, § 4, Dig. (13, 6).
(6) Loi 23, Dig. (50, 17).
(7) Loi 52, § 3, Dig. (17, 2).

qu'il a été commis à main armée, le simple vol pouvant toujours être évité avec un peu de prévoyance ; les expressions dont ils se servent ne laissent pas de doute à cet égard : *latrocinium, latronum incursus, impetus prædonum* (1). On peut invoquer également un fragment d'Ulpien qui dans le cas d'un cheptelier qui s'est vu dérober son troupeau, décide que le débiteur ne sera libéré qu'autant qu'il pourra prouver que le vol a eu lieu : « *citra fraudrem suam* » (2). Si l'on exige cette preuve du cheptelir c'est que le simple vol ne constitue pas par lui-même un cas fortuit.

Mais il n'y a pas que le *furtum* qui est ait soulevé de telles controverses. La question s'est posée à propos d'autres événements, certains auteurs les considérant comme des cas fortuits, d'autres ne voulant pas leur reconnaître ce caractère.

Ainsi Cujas ne range pas au nombre des cas fortuits l'aigreur ou la moisissure du vin ou du froment, tandis que Doneau fait rentrer dans cette catégorie « *Vitia naturalia ut cum vinum acescit, fromentum putrescit* » (3).

Ulpien « *Quid refert sordibus judicis an stultia res pererierit* » (4) décide que la sentence in-

(1) Loi 50, Dig. (25, 7).
Loi 18, Dig. (13, 6).
(2) Loi 9, § 4, Dis. (19, 2).
(3) Cujas, *Opera*, t. IX, c. 406, D. — Doneau, *Comm. in cod. ad.* L. 6, lib, IV, tit. 24.
(4) Loi 51, pr., Dig. (21, 2).

uste du juge constitue *un casus fortuitus* tout comme la folie, *lapsus facultatum* (1).

La même décision doit être admise lorsqu'il s'agit d'un ordre inique ou arbitraire du prince. La loi 11 pr., Dig. (21, 2) nous présente la confiscation par ordre du prince « *ex præcepto principali,* » comme un cas de force majeur et la loi 33 Dig. (19,2) assimile la *publicatio* (confiscation au profit du fisc) à un écroulement du sol.

On discutait également sur le point de savoir si l'incendie pouvait constituer un cas fortuit. Parmi les textes, les uns lui reconnaissent toujours ce caractère (2), les autres le lui refusent absolument (3), d'autres enfin ne le lui accordent que dans certains cas (4) « *incendia plerumque accidunt culpa inhabitantium.* »

Le fait du créancier qui détruit lui-même la chose due, peut avoir vis-à-vis du débiteur le caractère d'un cas fortuit (5).

Le fait d'autrui, le *damnum injuria datum* ayant pour effet de faire périr la chose due, peut également entraîner la libération du débiteur, lorsque celui-ci n'a pu s'y opposer (6).

---

(1) Loi 1, § 11, Dig. (27, 8). — Loi 2, § 7. Dig. (50, 8).
(2) L. 5, § 4 ; — L. 18, pr. Dig. (13, 6). — Loi 23 (50, 17).
(3) L. 11, Dig. (18, 6).
(4) L. 3, § 1, Dig. (1, 15).
(5) L. 8, Dig. (22, 2).
(6) L. L. 51 et 91, § 1, Dig. (45, 1).

L'absence de faute chez le débiteur est donc une condition essentielle de notre mode d'extinction. Cette faute lorsqu'elle existera pourra être plus ou moins excusable et la resposabilité du débiteur plus ou moins grande, selon qu'il s'agira de tel ou tel contrat, selon qu'il sera intervenu entre les parties telles ou telles conventions. C'est affaire à la théorie des fautes que nous n'avons pas à examiner ici. Mais pour que l'obligation du débiteur soit éteinte, il faut avant tout que celui-ci ne soit pas en faute.

On comprend que le débiteur qui a fait périr la chose due par sa faute, ne soit pas libéré, mais faut-il admettre la même solution, lorsque la perte est due au fait du débiteur sans qu'il soit d'ailleurs en faute ?

Si nous lisons le § 2 de la loi 91, Dig, (45, 1) « *De illo quæritur, an et is, qui nesciens se debere occiderit (servum), teneatur; quod Julianus putat in eo, qui quum nesciret a se petitum codicillis, ut restitueret, manumisit* » Nous voyons que la question avait été controversée, mais le jurisconsulte décidait que le débiteur n'était jamais libéré par son propre fait.

« L'homme, dit M. Labbé, agit en principe à ses risques et périls, il doit plutôt subir les conséquences de ses actes que les rejeter sur la tête d'autrui. Un fait qui ne constitue pas une faute est indifférent en droit ; il ne modifie pas la situation antérieure des parties ; il ne suffirait pas pour imposer envers autrui une obligation nouvelle, il ne suffit pas non plus pour libérer celui qui était préalablement débiteur » (1).

Cette raison nous la trouvons exprimée au Digeste dans un fragment de Julien « *ne factum cujusquam alteri damnum afferat* » (2).

Cette controverse nous semble d'ailleurs beaucoup plus théorique que pratique. Le plus souvent en effet, le fait d'un débiteur qui entraîne la perte de la chose due, impliquera une faute de sa part, et il faut supposer, pour qu'il n'en soit point ainsi, une hypothèse toute spéciale comme celle d'un héritier institué qui se trouve obligé sans le savoir, en vertu d'un condicille qu'il ignore.

Quoiqu'il en soit nous dirons que le débiteur n'est libéré par la perte de la chose due qu'autant que cette perte n'est le résultat ni de sa faute ni de son fait.

3ᵉ condition. — Il faut que le débiteur ne soit pas en demeure.

La demeure (*Mora*) a pour effet de déplacer les risques. Les cas fortuits qui auraient libéré le débiteur vont passer à sa charge du jour de l'*in-*

---

(1) Labbé. *Étude sur quelques difficultés relatives à la perte de la chose due*, § 5.
(2) Loi 25, § 2, *in-fine*, Dig. (36. 1).

terpellatio. Désormais il répondra de toutes pertes ou détériorations survenues à la chose. (1)

Que cet effet de la demeure soit admis, soit en vertu d'une interprétation de volonté, soit par suite de cette considération que le créancier, si la chose lui avait été livrée, eût pu la soustraire au cas fortuit, peu nous importe. Cette question rentre dans la théorie de la demeure que nous n'avons pas à examiner ici.

(1) LL. 23, 82, § 1 Dig. (45, 1)
    L. 108, § 11, de Legatis 1.

CHAPITRE II

DE LA QUESTION DES RISQUES RÉSULTANT DE LA
PERTE DE LA CHOSE DUE. — DIFFÉRENTES RÈGLES
PROPOSÉES POUR RÉSOUDRE CETTE QUESTION.

La perte de la chose due, lorsque toutes les conditions nécessaires sont réunies, éteint donc l'obligation d'une façon absolue ; le débiteur est libéré
de la même manière que s'il avait exécuté son obligation.

Cet effet immédiat se produira toujours quelle
que soit la cause de l'obligation ; il dérive en effet
de la force même des choses. *Debitor certæ rei,
interitu fortuito ejus, liberatur.*

En présence de ce résultat, si nous nous deman-
dons qui du créancier ou du débiteur de ce corps
certain doit souffrir de sa perte fortuite, nous nous
posons en réalité la question si controversée des
risques.

Lorsqu'on se propose, comme nous le faisons
dans cette étude, de résoudre cette question, il faut
avant tout faire une distinction.

Notre question ne se pose pas en effet de la
même manière, selon que l'obligation dont l'objet

a péri, a pris naissance par suite d'un contrat synallagmatique ou d'un contrat unilatéral.

Lorsque nous sommes en présence d'un contrat unilatéral c'est-à-dire qui n'engendre qu'une seule obligation, nous n'avons à nous préoccuper pour résoudre la question des risques, que de l'effet immédiat de la perte de la chose due. Cet effet est de libérer le débiteur tout comme s'il avait procuré à son créancier, l'utilité que celui-ci attendait de l'exécution de son obligation ; mais comme en réalité le créancier n'a rien reçu et qu'il perd complétement son droit de créance, c'est lui qui en définitive souffre du cas fortuit. Aussi dans cette hypothèse on dit que les risques sont pour le créancier ou plus simplement que *res perit creditori*.

Nous verrons quand nous passerons en revue les contrats unilatéraux que cette règle est absolue et que la question des risques est simple dans ce cas. Là où les controverses commencent et où l'on s'efforce de concilier les décisions des textes, en essayant de les ranger toutes sous une loi générale, c'est dans notre seconde hypothèse, celle des contrats synallagmatiques.

Dans un contrat synallagmatique, nous avons en présence deux obligations, qui sont réciproquement la cause l'une de l'autre. Lorsque par suite de la perte de son objet l'une des obligations ne peut plus être exécutée, le créancier qui, dans le

cas de contrat unilatéral, ne peut échapper à la
loi, *debitor certœ rei interitu ejus fortuito libe-*
ratur, peut éviter ici ses conséquences, en refusant
de son côté l'exécution de son obligagation. S'il
peut ainsi légalement se soustraire à ses engagements, les risques qui lui incombaient par la force
même des choses, passeront sur la tête du débiteur
et l'on devra admettre la règle *res perit debitori*
et non plus cette autre *res perit creditori*.

Toute la question revient donc à savoir si cette
faculté appartient au créancier.

La difficulté provient de ce que les solutions que
nous rencontrons dans les textes ne sont pas toujours identiques. Si dans la vente on semble refuser cette faculté au créancier, on paraît au contraire la lui reconnaître en matière de louage. De
cette divergence apparente sont résultées deux opinions contraires qui ont présenté chacune des
deux règles précédentes comme gouvernant exclusivement la question des risques.

Dans une troisième opinion on a même prétendu que la perte de la chose due, devait toujours
être supportée par le propriétaire et que la ma-
xime *res perit domino* avait été consacrée par la
doctrine romaine.

Nous commencerons par écarter la règle *res*
perit domino comme n'étant pas romaine et ne
répondant pas à notre question.

Selon nous, la seule règle que l'on puisse admettre, c'est la règle *res perit creditori* qui n'est qu'une conséquence de cette autre que personne ne conteste : *debitor certæ rei...*

Nous verrons lorsque nous étudierons le louage, que les Romains n'ont pas admis pour ce contrat un principe différent *res perit debitori,* mais que toutes les solutions que nous y rencontrons sont commandées par la nature même des obligations.

La règle *res perit creditori* est donc générale et suffit à rendre compte de toutes les décisions particulières qui interviennent à propos des différents contrats.

La législation romaine qui est essentiellement formaliste, ce qui la conduit bien souvent, du moins à l'origine, à méconnaître l'équité, ne saurait être étudiée uniquement d'après nos idées modernes.

A mon avis une différence capitale en cette matière existe entre les deux législations : tandis que chez nous le simple échange des consentements suffit à parfaire un contrat et à transférer tous les droits, même les plus étendus, jamais en droit romain on n'a reconnu à la convention un tel pouvoir ; si l'on a bien admis, par exception, certains contrats consensuels, si des obligations ont pu prendre naissance par le simple accord des parties contractantes, jamais cet accord de volontés n'a pu de lui-même transférer aucun droit réel.

Pour les Romains, le seul effet des contrats est de créer des obligations et dès que ce but est atteint, le contrat est parfait. Chaque obligation si nous nous plaçons dans l'hypothèse d'un contrat synallagmatique a désormais une existence propre, indépendante de l'autre obligation qui lui a servi de cause ; elle vit de sa vie propre et peut s'éteindre par des modes d'extinction particuliers sans que l'existence de l'obligation corrélative en soit aucunement modifiée.

Si telle est la théorie romaine en matière de contrat, la question des risques nous semble bien simple. Faisons comme les Romains, ne nous préoccupons pas de l'obligation qui a servi de cause à celle dont l'objet vient de périr ; demandons-nous seulement, si nous sommes en présence d'une obligation, dont l'existence est certaine et indépendante, qui résulte d'un contrat qui a reçu toute sa perfection, ou si nous avons devant nous une obligation dont l'existence est incertaine ou subordonnée à certaines éventualités.

Voilà la distinction qui s'impose dans notre question et qui permet d'en trancher toutes les difficultés. Dans la première hypothèse, notre obligation indépendante de l'obligation corrélative qui lui a servi de cause, s'éteint par la perte de la chose due sans modifier en rien l'existence de celle-ci. Donc, *res perit creditori*.

Dans la seconde hypothèse au contraire, la perte de la chose arrivant à un moment où l'existence de l'obligation n'est pas encore certaine ou lorsque cette obligation n'a pas encore reçu une cause suffisante, notre obligation ne peut plus prendre naissance faute d'objet et l'obligation corrélative ne peut naître non plus, faute de cause; le contrat tout entier ne peut plus se former, parceque les conditions générales de validité des contrats ne peuvent plus se réaliser; en réalité, la chose qui vient de périr n'a jamais fait l'objet d'une obligation; jamais un *jus ad rem* ne s'est fixé sur elle à raison de ce contrat imparfait; elle ne peut être que l'objet de droits réels plus ou moins morcelés et si dans ce cas on se demande qui va souffrir de sa perte, il ne peut s'agir que de ceux qui ont sur elle des *jus in re* et l'on pourra résoudre facilement cette question en disant que *Res perit domino*.

Ainsi, selon moi, ces deux règles, *res perit creditori* et *res perit domino* qui sont vraies toutes deux dans leur sphère d'application, répondent à deux questions absolument différentes, la première à l'extinction des droits personnels, la seconde à l'extinction des droits réels qui portaient sur la chose qui vient de périr.

Sans doute quelquefois dans des hypothèses particulières, celui qui avait un droit de créance sur la chose pouvait en être également propriétaire, (cela suppose qu'il n'avait pas la possession de sa chose, et que celui qui la détenait était tenu personnellement de la lui restituer : commodat, dépôt, gage), en même temps qu'une action personnelle contre le débiteur, il pouvait invoquer la *rei vindicatio*. La chose périt : il perdra la revendication (*res extinctæ vindicari non possunt*) en vertu de la règle *res perit domino* et son action personnelle en vertu de cette autre *res perit creditori*.

Mais lorsqu'il en sera ainsi, il faudra bien se garder de confondre les deux questions et de donner pour solution à la seconde une règle qui n'est pas faite pour elle. En dehors de cette hypothèse en effet la règle *res perit domino* ne serait plus exacte.

C'est pour n'avoir pas fait nettement cette distinction que certains commentateurs, ont été amenés à présenter cette règle comme dominant la question des risques en droit romain.

Origines de la règle Res perit domino. — Cette règle ne nous paraît pas avoir été formulée par les jurisconsultes romains. Ce n'est qu'au XVIIᵉ siècle que nous la voyons apparaître pour la première fois. A cette époque nous assistons à la lutte du droit romain et du droit germanique d'où sortit notre droit actuel. C'est pour écarter certaines dispositions du droit germanique, qui paraissaient manifestement contraires à l'équité, que l'on a formulé cette règle, prétendue romaine et que l'on a voulu appuyer sur des textes.

Le droit germanique imposait dans tous les cas, à celui qui s'était chargé de la garde d'une chose, la charge des cas fortuits ; le droit romain, au contraire, ne rendait responsable le débiteur de la chose d'autrui, que de son dol et de sa faute. C'est pour faire triompher le droit romain, que certains auteurs ont dit alors *res perit domino*, opposant ainsi le propriétaire de la chose, créancier de sa restitution à celui qui la détenait (commodataire, dépositaire, créancier gagiste). Mais encore une fois si cette règle est exacte dans cette hypothèse, elle ne l'est plus lorsqu'on oppose le propriétaire, non plus à celui qui est débiteur de sa restitution mais à celui qui est créancier de sa livraison.

Quoiqu'il en soit, les commentateurs qui ont soutenu cette règle, parmi lesquels nous pouvons citer Vinnius (1) et Perrezius (2), ont invoqué à

(1) *Quæst. select.* lib. 1, cap. 54.
(2) *Prælect. in Cod.* lib. 4, tit. 37, n° 9.

l'appui de leur opinion un rescrit de Dioclétien qui forme au Code la loi 9 (4-24) (1).

Un débiteur a constitué un gage qui a été déposé par le créancier dans un magasin public. La chose engagée périt par cas fortuit. Qui va supporter cette perte? L'empereur répond c'est le débiteur « *quia in bonis debitoris permanet pignus.* » C'est donc, concluent les commentateurs, que l'on admettait la règle *res perit domino* en matière de risques.

Mais comment voir une règle générale dans une solution particulière, relative à un contrat unilatéral et accessoire comme le contrat de gage? Ce serait forcer les termes de ce texte et en dénaturer la pensée.

Tout ce que l'empereur veut dire, c'est qu'en présence de deux contrats, l'un principal, l'autre accessoire, le sort du contrat accessoire n'a aucune influence sur le contrat principal. Le débiteur ne sera pas libéré de sa dette par la perte du gage : *res, pignus debitori perit* et nous retrouvons la même solution aux Instituts « *si (creditor) aliquo fortuito casu rem (pignoratam) amiserit, securum esse, nec impediri creditum petere* ».

---

(1) « *Pignus in bonis debitoris permanere, idcoque ipsi perire in dubium non venit. Cum igitur adsevaras in horreis pignora deposita, consequens est, secundum jus perpetuum pignoribus debitori pereuntibus (si tamen in horreis, quibus et alii solebant publice uti, res depositæ sint), personalem actionem debiti reposcendi causa integram te habere.* »

Mais comment expliquer le premier membre de phrase « *Pignus in bonis debitoris permanere* ». On a proposé différentes explications. M. Labbé (1) pense que l'empereur a voulu excepter par ces expressions, le cas où le gage serait devenu la propriété du créancier par suite d'une dation en payement. — On peut dire également que ces mots font allusion au dernier état du droit, ou la propriété du gage n'était plus transférée au créancier comme à une époque antérieure (*Mancipatio contracta fiducia. Gaius. Com. 2. § 60*).

Toutes ces explications peuvent être vraies comme aussi cette autre encore plus simple, à savoir que le texte fait allusion à la perte du droit de propriété résultant pour le propriétaire de la perte de la chose donnée en gage. Ce peut n'être, comme le dit M. Accarias (2), que l'expression un peu naïve d'une vérité évidente, mais en somme les termes même du rescrit « *in dubium non venit,* » semblent justifier cette dernière interprétation.

Quoiqu'il en soit, on a eu tort d'y voir l'expression d'une règle générale qui, nous l'avons déjà dit, ne répond pas à la question des risques au point de vue des droits de créance, qui n'est nulle part formulée en droit romain et qui n'a même pas

(1) Labbé, op. cit. § 127.
(2) Accarias, précis de droit romain, tom. 2, p. 475, not. 2.

le mérite de justifier les solutions universellement admises en cette matière.

Si l'on comprend que cette règle *res perit domino* puisse être admise aujourd'hui, qu'elle réponde même mieux à la justice, à l'équité, qu'elle soit plus conforme à l'intention des parties, cela tient aux effets que nous reconnaissons à la convention. Celui qui devient créancier d'un droit réel est censé aujourd'hui acquérir immédiatement ce droit; l'obligation de *dare* en même temps qu'elle nait est réputée exécutée. Le créancier dans notre législation est donc propriétaire de la chose due avant même que celle-ci lui ait été livrée; ce qui n'était qu'une exception en droit romain (propriétaire d'une chose, créancier de sa restitution) devient donc chez nous la règle générale et là où l'on disait *res perit creditori* nous pourrons dire *res perit domino* et admettre cette dernière règle comme générale.

Mais cette règle n'a rien à faire en droit romain et nous n'en parlerons plus.

CHAPITRE III

DES RISQUES DANS LES CONTRATS

Après avoir examiné les principes qui ont été proposés comme dominant la question de risques, nous allons passer en revue tous les contrats du droit romain. A propos de chacun d'eux, nous verrons comment a été résolue cette question, et si toutes ces solutions particulières peuvent être rapportées au principe que nous avons admis, *res perit creditori*.

Nous diviserons à cet effet les contrats en unilatéraux et synallagmatiques. Les premiers ne nous retiendront pas longtemps d'ailleurs, car les conséquences de la perte de la chose due dans les obligations unilatérales sont simples et ne font pas l'objet de nombreuses controverses.

SECTION PREMIÈRE

DES CONTRATS UNILATÉRAUX

Un contrat est unilatéral lorsqu'il ne donne naissance qu'à une seule obligation.

3

Dans ce cas, la question des Risques est bien simple : le débiteur du corps certain qui a péri fortuitement est libéré ; le créancier ne peut plus rien exiger, ni la chose, ni son estimation. Les Risques sont donc pour lui. *Res peril creditori.*

C'est là tout ce que l'on se demande lorsqu'on se pose la question des risques dans les contrats unilatéraux. On n'a pas à se préoccuper de l'intention qui a poussé le débiteur à s'obliger. Un débiteur en effet ne s'oblige pas sans cause à moins d'être fou ; s'il contracte une obligation unilatérale, c'est toujours en vue d'obtenir un avantage soit moral soit pécuniaire ; ce peut être aussi pour reconnaître ce même avantage, lorsqu'il l'a déjà obtenu. Eh bien, en réalité, ce sera le débiteur qui souffrira de la perte de la chose due, bien que libéré de son obligation, si cet avantage qu'il espérait ou qu'il avait déjà recueilli, il ne peut plus l'exiger ou le conserver.

Nous voyons donc la question des Risques se présenter sous un autre jour lorsque l'on veut pénétrer plus avant dans l'intention des parties. Mais dans les contrats unilatéraux, dans la stipulation par exemple, qui en est le type, on n'envisage point l'intention des parties ; la seule cause obligatoire c'est le prononcé des paroles et le juge de l'action n'a qu'à se préoccuper de leur contenu, sans rechercher les modifications que pourraient exiger, soit cette intention même des parties, soit les préceptes de l'équité.

Aussi pouvons-nous dire que dans les contrats unilatéraux, à ne considérer que les effets immédiats attachés à la perte de la chose due, les seuls que nous puissions connaître d'ailleurs, les risques sont toujours pour le créancier. *Res perit creditori*.

Abordons maintenant l'étude de ces contrats :

Il nous faut mettre tout d'abord de côté le *mutuum* (1) et le contrat *litteris* ou *expensilatio* comme engendrant toujours des obligations de genre, qui nous l'avons vu, ne peuvent pas en général s'éteindre par la perte de la chose due.

De la stipulation. — Le contrat unilatéral le plus fréquent était la stipulation.

Lorsque la stipulation (*promittis-ne Pamphilum? promitto.*) était ainsi pure et simple, et qu'elle avait pour objet la dation ou la prestation d'un corps certain, elle pouvait s'éteindre par la perte de ce corps certain. Ici pas de difficultés. *Res perit creditori* (2).

(1) Il y a un contrat qui se rapproche du *mutuum*, c'est le *nauticum fœnus* ou *trajectitia pecunia*, dans lequel, la perte fortuite d'une chose, le navire, fait cesser l'obligation de restituer qui existait à la charge de l'emprunteur. Il ne faut pas y voir une application de notre cause d'extinction. Si l'obligation disparaît ainsi, ce n'est pas faute d'objet, car *genera non pereunt* et l'objet de l'obligation n'est pas le navire mais la somme prêtée ; c'est que cette obligation est affectée d'une condition : si le navire ne périt pas fortuitement au cours du voyage et que cette condition ne s'est pas réalisée.

(2) Lois 23 et 33, Dig. (45, 1).

Mais la question des risques peut paraître moins claire, lorsque la stipulation au lieu d'être pure et simple, est affectée d'une modalité.

Examinons à ce sujet les différentes modalités qui peuvent se rencontrer dans une stipulation.

De la stipulatio pœnœ. — Et d'abord supposons que la stipulation est accompagnée d'une peine; on la désigne sous le nom de *stipulatio pœnœ.*

Celle-ci peut être principale : « *si Pamphilum non dederis, centum mihi dare spondes ?* ou accessoire « *Pamphilum dare spondes? Si Pamphilum non dederis, centum dare spondes?* »

Dans la stipulation de peine principale (1), il n'y a dit-on qu'une obligation facultative; une seule chose est due : *centum.* Pamphile est seulement *in facultate solutionis.* Si donc Pamphile vient à périr, le débiteur ne sera pas libéré, il devra toujours *centum ;* la perte de Pamphile ne lui enlève que cette *facultas solutionis.*

Dans l'hypothèse de la stipulation de peine accessoire, il y aurait deux obligations, l'une pure et simple, l'autre conditionnelle (2). La perte de Pamphile libère-t-elle le débiteur d'une façon absolue ? n'encourt-il pas la *pœna?* Les uns prétendent que la *pœna* est due, quelle que soit la cause de l'inexécution, même un cas fortuit, et invoquent un

(1) L. 44, § 5. Dig. (44, 7).
(2) L. 44, § 6, Dig. (44, 7).

texte de Paul (1) : « *proinde si servum occidisti, quem sub pœna tradendum promisi, utilitas venit in hoc judicium.* » Si Paul accorde l'action de la loi Aquilia, c'est que la *pœna* pouvait être exigée, car pas d'intérêt, pas d'action.

On objecte que ces textes se rapportent à l'hypothèse d'une *stipulatio pœnæ* principale et on leur oppose deux autres fragments qui donnent des solutions absolument contraires (2).

On peut dire également que l'intérêt qui justifie l'exercice de l'action aquilienne dans ce cas, est non pas l'obligation de payer la *pœna* (rien ne l'indique absolument), mais peut être tout autre : le maître d'un esclave a le droit de recourir à cette action contre celui qui a tué cet esclave, alors même que celui-ci n'a fait l'objet d'aucune stipulation ; il y a intérêt indépendamment de toute clause pénale et cela suffit pour qu'on lui reconnaisse le droit d'intenter cette action ; il l'intentera non comme débiteur de la *pœna*, mais comme propriétaire lésé.

Mais selon moi, je crois qu'il faut s'attacher davantage au caractère pénal de cette stipulation et décider que la peine n'est encourue qu'autant que l'inexécution résulte d'une faute du débiteur.

Le montant de la peine représente les domma-

(1) L. 22, pr., Dig. (9, 2). Voy. aussi Celsus. L. 67, § 1, Dig. (47, 2).
(2) Africain. L. 23, Dig. (44, 7). — Papinien. L, 115, § 2, Dig. (45, 1).

ges-intérêts auxquels aurait été condamné le débiteur et il n'aurait pu l'être qu'autant que l'inexécution lui eut été imputable ; la peine ne doit être
encourue que dans ce cas ; c'est une obligation
sous cette condition que l'inexécution sera imputable au débiteur. D'ailleurs lorsque l'inexécution
provient d'un cas fortuit, l'obligation est réputée
exécutée, donc la condition s'évanouit. Les risques
sont donc encore dans ce cas pour le créancier.

De la stipulation alternative. — L'obligation alternative est celle qui a pour objet l'une de deux
ou plusieurs choses, au choix de l'un des contrac-
tants.

« *Stichum aut Pamphilum dare spondes ?* »
telle est la forme sous laquelle se présente cette
stipulation.

L'obligation est dès à présent certaine, mais son
objet est indéterminé ; il ne devient certain lui-
même que lorsque le choix a été exercé.

Du jour où le choix a été ainsi exercé (nous supposons le choix irrévocable), l'obligation n'a plus
et ne peut plus avoir qu'un seul objet, et si cet
objet est un corps certain, le débiteur est libéré
par la perte de la chose due conformément à notre
règle.

Mais *quid* lorsque le choix n'a pas encore été
exercé ? La perte de l'une des choses suffit-elle
pour libérer le débiteur ? Sinon, quel est désor-

mais l'objet de son obligation? Est-ce la chose qui subsiste ou bien la valeur de celle qui a péri ou bien encore le choix peut-il se fixer indifféremment sur l'une ou sur l'autre?

Pour répondre à cette question il nous faut distinguer selon que le choix appartient au créancier ou au débiteur.

Le choix appartient au créancier. — Quel est l'effet de la perte fortuite de l'une des deux choses?

L'obligation qui était alternative, devient dès lors pure et simple; le créancier perd le choix qu'il aurait pu exercer et il ne peut plus demander que la chose qui subsiste. « *Stichum ant Pamphilum, utrum ego velim dare spondes? altero mortuo, qui vivit solus petetur* » (1).

Le créancier ne peut donc exiger du débiteur la valeur de l'objet qui a péri.

Comment expliquer ce résultat? Il faut pour cela analyser la stipulation alternative et prendre parti sur la manière de comprendre cette obligation.

Pour les uns, la stipulation alternative donnerait naissance à deux obligations subordonnées l'une à l'autre, deux obligations conditionnelles par conséquent, chacune d'elles étant soumise à cette condition que l'autre ne sera pas exécutée.

(1). — Papinien, L. 95 pr. (46, 3.)

Au contraire on peut voir dans la stipulation alternative une stipulation, à véritablement parler, pure et simple, n'ayant pas à vrai dire pour objet les deux choses promises, mais ayant pour objet cette prestation particulière qui consiste dans le choix à faire entre les deux choses ; la stipulation n'a dans cette conception qu'un seul objet : l'option entre plusieurs choses.

Cette dernière conception ne nous paraît pas juste. En effet, lorsque l'une des deux choses périt, l'objet de l'obligation devient impossible dans cette opinion, le choix ne peut plus avoir lieu, donc le débiteur devrait être libéré complètement. *Impossibilium nulla obligatio.*

De plus cette opinion est de nature à jeter la confusion dans les esprits : lorsque le choix appartient au créancier, comment reconnaître le débiteur? Dira-t-on que c'est celui qui doit exercer le choix ou au contraire celui qui doit livrer l'une des deux choses?

Ceux qui soutiennent cette opinion nous disent qu'elle a du moins le mérite de sauvegarder l'unité d'obligation, que semblent établir tous les textes (1).

L'opinion contraire qui voit dans la stipulation alternative deux obligations, subordonnées chacune à cette condition que l'autre ne s'éxécutera

_____

(1) L. 128. Dig. (45. 1). — LL. 72, § 4, — 95 p. (46. 3.)

pas, invoque en sa faveur un texte de Paul qui
met l'alternative au nombre des modalités (1).

Pour moi, je considère la stipulation alternative comme engendrant une seule obligation, un
seul *juris vinculum* qui est, dès à présent, certain, mais dont l'objet est conditionnel. Ce qui est
alternatif ce n'est pas l'obligation, c'est la *solutio*.

Lorsque je stipule de vous *Stichum aut Pamphilum*, *utrum ego velim*, si Stichus vient à périr,
nous avons dit avec Papinien que le créancier ne
peut plus réclamer que Pamphile. Ce résultat
s'explique très bien selon moi. Nous avons vu
que la perte de la chose due ne libérait le débiteur qu'en raison de l'impossibilité d'exécution et
jusqu'à concurrence de cette impossibilité ; lorsque
son obligation est encore susceptible d'une exécution incomplète, il est tenu de la procurer au
créancier. Ici le débiteur de l'alternative ne peut
plus se libérer en fournissant Stichus, on ne peut
plus l'exiger de lui puisqu'il n'existe plus, c'est
impossible, mais son obligation n'est pas éteinte
pour cela, son exécution n'est pas impossible, il
reste un moyen pour le débiteur de l'exécuter,
c'est de fournir le second objet de l'alternative
Pamphile et c'est Pamphile seulement que pourra
lui demander désormais le créancier.

(1) L. 44, § 3 de *de obliq. et act.* (44. 7.)

Si Pamphile vient à son tour à périr fortuitement, le débiteur sera libéré complètement.

Le choix appartient au débiteur. — Nous supposons toujours que le choix n'a pas été exercé.

Le débiteur pour se libérer pouvait, à son choix,
fournir au créancier l'une des deux choses de l'alternative ; l'une de ces choses périt par cas fortuit,
quelle est la situation du débiteur en présence de
cet événement ?

Papinien, dans le § 1 de la loi 95 déjà citée,
nous dit : « *quod si promissoris fuerit electio,
defuncto altero, qui superest æque peti poterit.* »

Ce texte a été interprété différemment :

D'après Dumoulin (1) Pothier (2) et Pellat (3),
Papinien déciderait que le débiteur perd son choix
par suite de ce cas fortuit, qu'il ne peut pas offrir
la valeur de l'objet qui a péri, et que seule, la
chose qui subsiste, peut être demandée.

M. Labbé (4), au contraire pose en principe,
qu'un événement fortuit ne doit pas en général
empirer la condition du débiteur et que dans notre
hypothèse il y aurait injustice à le priver du choix
auquel il avait droit. Le débiteur pourrait donc
d'après cette opinion offrir au créancier la valeur

(1) Extric. labyr. divid. et individ, p. 2, n° 149.
(2) Oblig. n° 250
(3) Textes choisis, page 191.
(4) Labbé, *op. cit.*, n° 41 et 43.

de la chose qui a péri. (Son intérêt est évident lorsque cette chose avait une valeur moindre).

Selon M. Labbé, on aurait tiré du texte de Papinien une conséquence qui n'y est point impliquée : Les mots « ... *qui superest, œque peti poterit...* » signifieraient seulement ceci : le débiteur n'est pas libéré par la perte fortuite, la chose qui subsiste peut également, peut encore (*œque*) être demandée. Mais c'est tout, et l'on dépasse la pensée du jurisconsulte, lorsque l'on conclut que cette chose peut seule être exigée (1).

Pour moi, je pense que la première interprétation est la vraie. Je crois en effet que le mot *œque* se réfère au *principium* de la loi 95 et que Papinien indique par là, que la solution dans notre seconde hypothèse est la même que dans la précédente « ... *qui superest œque...* » c'est-à-dire *solus peti poterit*.

La loi 95 dans la suite du § 1, décide que lorsque la chose a péri, non plus par cas fortuit, mais par la faute du débiteur, celui-ci ne peut plus offrir la valeur de la chose qui a péri. Cette décision, dit Papinien, a été introduite en faveur du créancier et pour punir le débiteur en faute, « *pro petitore et in pœnam debitoris* ».

M. Labbé invoque cette décision en faveur de son opinion : si c'est parce que le débiteur est en

_____
(1) Cujas, *op. post. Papin.* lib. 28.

faute, qu'on lui enlève le choix, la faculté de se
libérer en fournissant la valeur de la chose détruite, ce choix doit lui être conservé lorsque la
chose a péri par cas fortuit.

D'après Dumoulin et Pothier, le résultat serait
au contraire le même, que le débiteur fût ou non
en faute. Pothier explique la solution du texte
dans le cas de faute, sans établir aucune comparaison avec le cas de perte fortuite. En effet, de ce
que Papinien justifie cette décision dans le cas de
faute, il ne faut pas en conclure que cette décision
ne doive pas être admise aussi en cas de perte
fortuite; si le texte est assez obscur pour prêter à
bien des interprétations, il l'est trop, pour qu'aucune puisse être présentée comme l'expression
exacte de la pensée de Papinien.

Le jurisconsulte Paul (1) semble bien confirmer
l'interprétation donnée par Dumoulin au texte de
Papinien : « *Sed uno mortuo qui superest, dandus
est* » nous dit-il.

D'après M. Labbé, ce texte n'aurait pas pour but de
trancher notre question, Paul qui prévoit le contrat
par lequel on a vendu deux choses sous une alternative, ne recherche point si le vendeur à conservé
le choix, mais bien si l'acheteur continue à devoir
son prix, après la perte de l'une des deux choses;
ce texte devrait donc être écarté et l'on devrait

(1) L. 34, § 6. Dig. (18-1).

considérer comme l'expression même de la théorie romaine, le texte d'Ulpien (1), qui en cas de mort de l'un des esclaves de l'alternative, accorde au débiteur le choix entre l'esclave qui subsiste et la valeur de celui qui est mort. Ce dernier texte, d'après Dumoulin et Pothier, ne serait pas au contraire aussi affirmatif et le mot *fortassis* qui s'y trouve, indiquerait qu'il fait allusion à une controverse qu'il ne tranche pas absolument.

Entre ces deux opinions, je préfère certainement, celle qui en cas de perte fortuite d'une des deux choses, décide que le débiteur ne doit plus que celle qui subsiste et ne peut se libérer en fournissant la valeur de celle qui a péri.

Selon moi, la perte de l'une des choses dues sous une alternative, que le choix appartienne au créancier ou au débiteur, aurait toujours pour effet de déterminer l'objet de l'obligation, en réalisant la condition sous laquelle cet objet était dû.

Dans la stipulation alternative, il y a une seule obligation, dont l'objet est indéterminé : Stichus n'est dû qu'autant que Pamphile ne sera pas livré et réciproquement. Du jour où l'une des deux choses périt, la condition se réalise et la chose qui subsiste devient l'objet de l'obligation.

Qu'on ne nous objecte pas que nous aggravons

(1) L. 47, § 3. Dig. (30).

ainsi la situation du débiteur et que ce résultat est manifestement contraire à l'équité.

D'abord ce résultat n'a rien d'injuste ; il est la conséquence nécessaire du cas fortuit.

Ne serait-il pas d'ailleurs beaucoup plus dangereux, de permettre au débiteur de se libérer, en offrant au créancier la valeur de la chose qui a péri ? Ce serait certainement contraire à l'intention des parties. Que désire en effet le créancier ? obtenir la prestation en nature de l'une des choses et non sa valeur.

Mais dit-on, cela avait peu d'importance puisque l'exécution en nature n'était pas possible sous l'empire du droit classique et que toute demande devait nécessairement aboutir à une condamnation en argent.

Sans doute on ne pouvait obtenir l'exécution en nature mais dans la condamnation le juge était autorisé à tenir compte de l'intérêt qu'avait le créancier à obtenir l'exécution en nature. Aussi les partisans de l'opinion que nous combattons, admettent-ils que le débiteur peut être forcé par le créancier et doit être condamné à livrer la chose qui reste, moyennant une indemnité en argent, mise à la charge du créancier et mesurée sur la différence de valeur, des choses entre lesquelles le débiteur avait le choix.

Ce dernier résultat, je ne puis l'admettre. En

vertu de quel droit l'imposerait-on au débiteur ?
nous sommes en présence d'une obligation unilatérale, d'une obligation de droit strict dérivant
d'une stipulation, d'une obligation dont l'objet
doit être déterminé par les paroles mêmes du contrat et que le juge n'a pas le pouvoir de modifier.
En face d'une telle obligation nous n'avons pas à
nous demander qui souffre oui ou non du cas fortuit, (nous avons déjà dit que cette question ne
peut être résolue et ne se pose pas en matière de
contrats unilatéraux) mais à déterminer les effets
immédiats de la perte de la chose due, sur l'exécution d'une obligation alternative.

Or la perte d'une des choses dues sous une alternative rend impossible une des solutions de l'obligation ; cette solution n'est plus dès lors au pouvoir des parties, qui ne pourraient recourir à un
équivalent qu'en vertu d'une nouvelle convention.
Mais jamais un cas fortuit ne pourrait produire de
tels effets juridiques ; il peut bien comme c'est le
cas ici, réaliser une condition et par voie de conséquence amener les résultats juridiques soumis à
cette condition, mais il ne saurait transformer la
nature même du lien obligatoire, d'une obligation
alternative faire une obligation facultative, comme
le voudraient les partisans de l'opinion contraire.

De l'obligation facultative. — A côté de l'obligation alternative, il faut parler de l'obligation que

l'on désigne sous le nom de facultative. La solution de la question ne présente pas de difficultés dans ce cas. Le débiteur ne doit qu'une seule chose, il a seulement la faculté de se libérer par une autre prestation. Si la chose *in obligatione* est un corps certain qui périt fortuitement, le débiteur sera libéré conformément à la règle *debitor certæ rei....* ; la perte de la chose *in facultate solutionis* n'exerce au contraire aucune influence sur l'existence de l'obligation facultative.

Nous avons supposé jusqu'ici qu'il n'y avait qu'un seul créancier et qu'un seul débiteur. Il nous faut maintenant examener brièvement le cas où il y a pluralité de sujets actifs ou passifs.

Nous ne parlerons que des cas où il y a plusieurs débiteurs. Lors en effet qu'il n'y a qu'un seul débiteur en présence de plusieurs créanciers, les règles relatives à la perte de la chose due ne présentent rien de particulier.

Obligations conjointes. — Chaque débiteur doit une part de la chose, mais les débiteurs conjoints ne sont unis par aucun lien juridique.

La chose périt-elle fortuitement ? Tous les débiteurs sont libérés.

Périt-elle par le fait d'un des débiteurs ? Cet événement doit être considéré comme un cas for-

tuit par rapport aux autres et ceux-ci seront libérés (1).

La même solution doit être admise relativement
à la demeure : Lorsque la chose périt pendant la
demeure de l'un des débiteurs conjoints, les autres sont libérés.

Paul cependant semble admettre que le fait d'un
héritier, peut au contraire obliger sés cohéritiers
tenus conjointement : « ...*si reliqui propter factum
unius, teneri cœperint.*» (2). Mais on peut dire que
ce texte prévoit le cas où une *stipulatio pœnœ* est
intervenue « *quasi conditio stipulationis hœre-
ditariœ extiterit.* » Or par suite de l'indivisibilité
de la condition, la peine est encourue à l'égard de
tous.

Obligations indivisibles. — Nous supposons plusieurs débiteurs d'une obligation indivisible.

La chose due périt-elle fortuitement? Tous les
débiteurs sont libérés.

Périt-elle par le fait, la faute, ou pendant la
demeure de l'un d'eux? Ces événements sont des
cas fortuits pour les autres débiteurs, ils seront
libérés (3).

Obligations corréales. — Dans la corréalité pas-
sive, nous avons plusieurs débiteurs qui doivent
tous la même chose. S'il y a plusieurs obligations,

(1) Pomponius. L. 48, § 1 Dig. *de lega* . 1°.
(2) L. 44, § 5. *familiœ erciscundœ.*
(3) Julien. L. 10 (16, 3). — Paul L. 17 § 2 (13, 6).

elles ont toutes le même objet. Aussi cet objet périt-il par cas fortuit? Tous les débiteurs sont libérés ; à l'impossible nul n'est tenu.

Mais si la chose due périt par la faute ou le fait de l'un des débiteurs, les textes décident, que bien que cet événement constitue un cas fortuit par rapport aux autres débiteurs, ces derniers ne seront pas libérés. « *Alterius culpa alteri nocet*. (1) »

On explique ce résultat par le fait que les *correi promittendi* sont considérés comme se représentant mutuellement à l'effet de conserver l'obligation ; celui qui a causé la perte de la chose due a perpétué l'obligation à l'égard de tous.

Il semble qu'on devrait en dire autant de la demeure de l'un des débiteurs. Et cependant nous voyons que *alterius mora alteri non nocet* (2). On explique cette différence en disant que le créancier est en faute de ne pas avoir interpellé tous les débiteurs. Il ne peut s'en prendre qu'à lui dans ce dernier cas, tandis que, au contraire, la conduite de ces mêmes débiteurs à l'égard de la chose due, lui échappe absolument dans le premier.

Adpromissio. — Enfin dans l'*adpromissio* nous avons un débiteur principal (*reus*) et un débiteur accessoire (*adpromissor*), mais nous avons toujours l'*idem debitum* et toute cause d'extinction

(1) L. 18. Dig. (45. 2).
(2) L. 32, § 4. Dig. (22, 1). — L. 173, § 2, Dig. (50 17).

affectant l'objet de l'obligation doit entraîner la libération du *reus* et des *adpromissores*. C'est bien ce qui se produit lorsque la chose due périt par cas fortuit. Dans ce cas il ne saurait y avoir de doute.

Mais *quid* lorsque cette perte provient du fait ou pendant la demeure du *reus* ou de l'*adpromissor* ? Nous nous bornerons à mentionner les opinions généralement admises en cette matière sans entrer dans l'examen de controverses qui trouvent naturellement leur place dans la théorie des fautes.

Si la chose périt par le fait ou pendant la demeure de l'*adpromissor*, on admet généralement que le *reus* est libéré, l'*adpromissor* reste seul tenu (1). Il y a là un cas fortuit par rapport au *reus*.

Si à l'inverse la chose périt par le fait ou pendant la demeure du *reus*, on devrait également décider que l'*adpromissor* est libéré, cependant c'est la solution contraire qui prévaut. L'*adpromissor* dit-on, a voulu rester obligé tant que le débiteur principal resterait lui-même obligé « *in totam causam spoponderunt.* » (2).

A coté de la stipulation il nous faut parler de la *datio dotis* : Le mari propriétaire de la dot peut

(1) Papinien. L. 95, § 1, in fine (46.3).
(2) Paul. L. 91, § 4, in fine. L. 88. (45.1.)

être tenu de la restituer dans certains cas. Lorsque cette dot comprend des corps certains, le mari sera affranchi de cette obligation s'ils ont péri par cas fortuit. Si toutefois les biens dotaux ont été estimés (*œstimatio facit venditionem*), le mari considéré comme acheteur, serait débiteur d'une somme d'argent et son obligation ne serait plus susceptible de s'éteindre par ce mode d'extinction, « *in rebus dotis quidem œstimatis, dominium et* « *periculum mariti est.* » (1).

Contrats synallagmatiques imparfaits. — Nous voyons que notre mode d'extinction s'y applique et que le débiteur est libéré par les cas fortuits qui entraînent la perte de la chose due : Commodat (2), Depot (3), Gage (4), Mandat (5).

La perte de la chose due libère donc le débiteur, mais le créancier reste toujours tenu des obligations qui ont pu prendre naissance à sa charge relativement à la chose et dont il répond par les actions *commodati, depositi... contraria*.

Cette décision que nous donne Ulpien relativement à la gestion d'affaires (6), peut être appliquée *à fortiori* aux contrats Synallagmatiques impar-

(1) L. 1 § 15, Code (5.13). — L. 10 pr. §§ 1 et 5 in fine. Dig. (23.3).
(2) L. 1, § 4. Dig. (44.7).
(3) L. 1, § 5. Dig (44.7).
(4) L. 21, § 2. Dig (20.1).
(5) L. 4, Code. (4.35). — L. 39, Dig. (17.1).
(6) L. 10, § 1. Dig. *de negot. gest.* (3.5).

faits (L. 27, § 4 Dig. (17.1). — L. 17 pr. Dig. (15.2).

Dans tous les contrats unilatéraux, nous voyons donc que la question des risques, telle que nous l'avons posée au début de cette section, se résout par la règle *res perit creditori*.

SECTION II

DES CONTRATS SYNALLAGMATIQUES

Dans les contrats synallagmatiques, nous trouvons, à la base même du contrat, deux obligations qui sont réciproquement la cause l'une de l'autre. Lorsque par suite de la perte fortuite de son objet, l'une de ces obligations ne peut plus être exécutée, quel est le sort de l'obligation correspondante, à laquelle elle a servi de cause?

Telle est la question que l'on se propose de résoudre lorsqu'on parle des risques dans les contrats synallagmatiques, et l'on dira que les risques de la chose due sont pour le créancier ou pour le débiteur selon que cette obligation correspondante subsistera ou sera au contraire anéantie.

§ I. — De la vente.

Nous avons ainsi à nous demander quel est celui de l'acheteur ou du vendeur qui doit souffrir de
la perte de la chose vendue, et à partir de quel moment ces risques lui incombent.

Vente pure et simple. — On entend par vente
pure et simple, toute vente dans laquelle les obligations du vendeur et de l'acheteur sont dès maintenant certaines, alors même que leur exécution
serait retardée par un terme certain ou incertain.
On sait qu'un contrat n'est parfait que lorsque les
obligations qu'il a pour but de créer, ont pris effectivement naissance.

La vente étant un contrat consensuel, est parfaite du jour où les parties se sont accordées sur la
chose et sur le prix en vue de s'obliger réciproquement, « *si id quod venierit appareat quid, quale,
quantum sit, et pretium.... perfecta est venditio* » (1).

Eh bien, c'est également du jour où la vente est
parfaite que les risques de la chose vendue passent
à l'acheteur.

Telle est la règle générale qui se dégage des textes et que nous essayerons de justifier.

Les textes, établissant cette règle, sont nombreux.

_____

(1) L. 8, Dig. (18, 6.)

Nous pouvons citer notamment aux Institutes le § 3, Lib. III, tit. XXIII de *emptione et venditione* (1).

Ce texte est des plus limpides et met à la charge du créancier, du jour où la vente est parfaite, tous les risques aussi bien de perte partielle que de perte totale.

Nous pouvons citer encore les fragments suivants : Paul, Lois 7 prin. et 8 prin. *de pericul et comm.* (18, 6.) — L. 11, prin. *de evict.* (21, 2). — Ulpien L. 1, princ. (18, 6). — Africain L. 39, *de sol.* (46, 3). — Julien L. 5, § 2, *de rescind. vend.* (18, 5) ; les constitutions d'Alexandre L. 1, code *de peric. et commod.* (4, 48.) — de Gordien, L. 1, code (4, 48), et de Dioclétien, L. 5 et 6, (4, 48.)

Cette règle n'a cependant pas été admise unanimement par tous les commentateurs, et quelquesuns, dont Cujas, ont essayé d'établir que les risques de la chose vendue ne passaient à la charge de l'acheteur que du jour de la tradition.

Pour soutenir cette thèse, on prétend que le texte si clair des Institutes ne refuse à l'acheteur que le droit de demander des dommages-intérêts,

---

(1) « *Cum autem emptio et venditio contracta sit, quod effici diximus, simul atque de pretio convenerit, cum sine scriptura res agitur, periculum rei venditæ statim ad emptorem pertinet, tametsi, adhuc ea res emptori tradita non sit. Itaque si homo mortuus sit, vel aliqua parte corporis læsus fuerit, aut ædes totæ vel aliqua ex parte incendio consumptæ fuerint, aut fundus vi fluminis totus vel aliqua ex parte ablatus sit, sive etiam inundatione aquæ, aut arboribus turbine dejectis, longe minor aut deterior esse cœperit, emptoris damnum est, cui necesse est, licet rem non fuerit nactus, pretium solvere.* »

non celui de retenir ou répéter son prix. Quant aux autres textes qui donnent des décisions analogues, ils supposeraient toujours la tradition accomplie.

Après avoir ainsi fait bon marché de ces textes, on invoque deux fragments l'un de Paul, l'autre d'Africain.

Dans le premier (1), Paul suppose que des lits déterminés ayant été vendus, le vendeur les a placés sur la voie publique, et que l'édile chargé de la police, les a brisés comme gênant la circulation. Qui doit supporter cette perte? L'acheteur, dit Paul, s'il avait reçu la tradition ou s'il était en demeure, sinon le vendeur.

Mais n'est-il pas plus sûr de chercher l'opinion de Paul, dans un autre fragment du même titre (2) où ce jurisconsulte reproduit la même doctrine que les Instituts, et de supposer que dans le texte précédent, la décision qui s'y trouve, est motivée par cette considération qu'il ne s'agit pas d'un pur cas fortuit, mais d'un événement qui peut être imputable tantôt au vendeur, tantôt à l'acheteur.

Le second texte est d'Africain (3) et c'est grâce

(1) LL. 12 et 14 pr. (18 6)
(2) L. 7 pr. (18 6)
(3) « Si Vendideris Mihi fundum, isque priusquam vacuus traderetur publicatuu fuerit, tenearis ex empto, quod hactenus verum erit, u^t pretium restituas, non ut etiam id prœstes, si quid pluris mea intersit, e um vacuum mihi tradi » L. 33, Dig. (19 2) Locati conducti.

à lui que Cujas prétend non sans peine, établir
une règle absolument contraire à celle des Institutes.

Mais si l'on ne doit pas aller jusque là, on ne
saurait nier qu'il existe entre ces deux textes une
contradiction évidente et c'est dans le but de la
faire disparaître que l'on s'est évertué de tout
temps à imaginer des explications tendant à les
mettre d'accord.

On a d'abord dit : la confiscation dont parle le
texte d'Africain n'était pas considérée comme un
cas fortuit ; ce qui est faux, puisque Africain l'assimile à un écroulement du sol et que même en
admettant cette opinion on ne s'expliquerait plus
les mots : « *priusquam vacuus traderetur* », la
tradition ne pouvant transformer en un cas fortuit
un événement qui ne serait pas tel.

La confiscation a-t-on dit encore, avait une cause
antérieure à la vente et ignorée de l'acheteur. La
chose vendue serait en quelque sorte atteinte d'un
vice redhibitoire. Mais rien dans le texte ne peut
autoriser une semblable hypothèse.

Une autre explication ingénieuse mais tout aussi
hypothétique est celle d'Antoine Favre, qui distingue entre une perte physique de la chose vendue et le cas où cette chose, tout en restant *in
rerum natura*, ne peut cependant plus être livrée
à l'acheteur. Dans ce dernier cas le vendeur ne

supporterait les risques qu'autant qu'il serait dans l'impossibilité de fournir à l'acheteur aucun équivalent (une action par exemple à l'effet de récupérer la chose) et c'est précisément ce qui aurait lieu dans le cas de confiscation.

Enfin, dit-on, Africain admet en matière de vente les mêmes règles que pour le louage où le prix n'est dû qu'en proportion de la jouissance procurée réellement ; l'acheteur ne devrait son prix qu'autant que l'obligation du vendeur aurait été réalisée. Mais la tradition ne suffit pas toujours à réaliser cette obligation et cependant après la tradition Africain met les risques à la charge de l'acheteur.

Parmi toutes ces explications aucune ne nous satisfait complètement et si nous remarquons d'une part que le texte d'Africain ne se trouve pas au titre de la vente, mais figure incidemment à propos d'une question de louage, et d'autre part que le même Africain dans la loi 39 *de solutionibus* met les risques à la charge de l'acheteur dès le jour où la vente est parfaite, nous sommes autorisés à prétendre que la règle *res perit emptori* était admise dans tous les cas en matière de vente pure et simple.

Cette règle étant admise nous allons essayer de la justifier.

On a voulu d'abord invoquer en faveur de cette

règle un motif d'équité. On a dit : l'acheteur qui
profite des chances d'amélioration et d'augmentation de la chose, doit supporter également les
chances de détérioration et diminution de cette
même chose ; il y a là un parallèle, une compensation établie entre le *periculum* et le *commodum
rei*. C'est ce qui résulte des textes suivants. Au
paragraphe 3 des *Institutes* déjà cité, nous lisons
en effet : « *Sed et si post emptionem, fundo aliquid
per alluvionem accessit, ad emptoris commodum
pertinet, nam et commodum ejus esse debet, cujus
et periculum est.* » Et Paul nous dit également-
ment (1) : « *Id quod post emptionem fundo accessit per alluvionem, vel periit, ad emptorem commodum incommodumque pertinet, nam et si
totus ager post emptionem flumine occupatus
esset, periculum emptoris esset, sic igitur et commodum ejus esse debet.* »

Mais cette interprétation des textes ne me semble pas bien exacte ; que nous disent-ils en effet?
que l'acheteur supporte le *periculum rei* et doit
en conséquence par voie de compensation profiter
du *commodum*. Voilà tout, et réduite à ces termes,
leur pensée me paraît être l'expression de l'équité
même.

Mais faut-il aller plus loin et dire que c'est
parce qu'il profite du *commodum*, que le *pericu-*

(1) L. 7. pr. *de peric. et comm.* (18.6).

lum doit incomber à l'acheteur? Je ne le crois
pas. Pour moi ces textes nous présentent le *commodum* comme une atténuation du *periculum*,
comme un tempérament apporté à la règle si
rigoureuse admise en matière de risques. A cela
rien de plus juste ; mais si les textes semblent établir une corrélation entre les chances bonnes et
mauvaises, ils n'entendent nullement les présenter comme équivalentes et pouvant se balancer entre elles. Outre que ce parallèle n'est plus juste
lorsque l'on met en présence deux choses de nature
différente, comme une perte totale qui atteint l'objet
dans sa substance même et une augmentation de
valeur, qui au contraire, n'affecte pas cet objet
dans ses éléments constitutifs, il ne pourrait quand
même expliquer complétement la règle admise,
puisque les chances de perte étant beaucoup plus
nombreuses que celles de gain, on ne peut établir
entre elles l'équilibre, qui seul justifierait cette
explication.

Puisque nous ne pouvons justifier cette règle par
une raison d'équité, il faut en chercher ailleurs
l'origine.

La législation romaine est essentiellement formaliste ; le transfert de la propriété exige des formes solennelles qui peuvent être longues ; le simple consentement ne produit pas des effets aussi
étendus que chez nous et pour qu'un contrat soit

parfait, il suffit que les deux parties aient contracté des obligations valables. Ces deux obligations sont d'ailleurs la cause nécessaire et suffisante l'une de l'autre et une fois qu'elles ont
coexisté, elles ont une existence désormais propre
et indépendante. Chacune des parties supporte les
risques qui peuvent atteindre sa créance : celui
qui a une créance de corps certain comme l'acheteur, risque de la voir s'éteindre par la perte fortuite de ce corps certain ; celui au contraire, qui
comme le vendeur, a une créance de genre n'est
pas exposé à cette cause d'extinction. C'est là en
matière de vente ce qui fait la différence entre la
situation du vendeur et celle de l'acheteur : leurs
créances ne sont pas de même nature.

Ce qui paraît rigoureux, c'est que l'acheteur soit
obligé de donner la valeur représentative d'une
chose dont il n'a jamais été à même de tirer aucun
profit, mais du moment que dans les contrats consensuels, les romains admettaient que les obligations étaient réciproquement la cause suffisante
l'une de l'autre, ils étaient amenés logiquement à
cette solution.

D'ailleurs cette situation de l'acheteur était-elle
si rigoureuse en pratique, qu'on veut bien le dire.
Ce qui nous choque c'est que l'acheteur supporte
les risques du moment où il est devenu créancier
de la chose vendue et avant même d'en avoir ac-

quis la propriété. Mais qui l'empêche de mettre le vendeur en demeure de la lui transférer immédiatement, de lui imposer les risques par conséquent, et s'il s'agit d'une vente à terme, de convenir avec lui que les risques seront à sa charge jusqu'à l'exécution de son obligation.

Vente sous condition suspensive. — Si nous envisageons maintenant la vente lorsqu'elle est affectée d'une condition suspensive, nous voyons que les obligations réciproques du vendeur et de l'acheteur ne prennent naissance qu'au moment de l'arrivée de la condition et que si celle-ci vient à défaillir, ces obligations ne prennent pas naissance.

Si nous supposons donc que la chose, objet de la vente conditionnelle a péri totalement par cas fortuit *pendente conditione,* une des conditions nécessaires pour la perfection de la vente fait défaut; celle-ci ne peut plus se former faute d'objet; l'acheteur n'aura jamais été obligé, et c'est le vendeur qui supportera les risques. C'est ce que nous dit Paul (1) « *quod si sub conditione res venierit, si quidem defecerit conditio, nulla est emptio, sicuti nec stipulatio : quod si extiterit Proculus et Octavenus emptoris esse periculum aiunt. Idem Pomponius lib. 9 probat….. (Sane si pendente conditione res perierit, perimitur emptio), sicuti stipulationes*

_____

(1) L. 8. (18. 6).

*et legata conditionalia perimuntur, si pendente con-
ditione res extincta fuerit.* »

Si la perte totale survenue *pendente conditione*
incombe au vendeur, en est-il de même de la perte
partielle ?

Autrement dit, la perte partielle comme la perte
totale, empêche-t-elle la vente conditionnelle de
se former ?

Le même jurisconsulte Paul dans la fin de ce
fragment répond : « *sane si extet res, licet deterior
effecta, potest dici esse damnum emptoris* ».

Si donc la chose n'a subi que des détériorations,
des changements de valeur qui ne lui ont rien fait
perdre de sa substance, de son utilité (*si extet*), la
vente se forme à l'arrivée de la condition et l'a-
cheteur en vertu de la rétroactivité supporte les
détériorations survenues même *pendente conditione.*

Que faut-il penser de cette dernière solution ?
Si nous nous en tenons à la règle qui nous a servi
jusqu'ici de *criterium* dans cette question des risques, il me semble que c'est seulement du jour de
l'arrivée de la condition que ces risques devraient
être à la charge de l'acheteur, puisque c'est seulement de ce jour que le contrat est parfait.

La rétroactivité de la condition admise dans certaines hypothèses pour rendre plus complète l'exécution du contrat, n'aurait pas dû être étendue en

notre matière à la perte partielle, qui comme la perte totale, aurait dû frapper le vendeur.

Est-il juste en effet d'imposer à l'acheteur cette perte partielle survenue à un moment où il n'avait même pas un droit de créance sur cette chose ?

Si l'on ne voulait pas dans ce cas empêcher la vente de se former, il eût fallu au moins permettre à l'acheteur d'obtenir une diminution de prix ou comme l'a fait le Code civil, lui reconnaître la faculté de renoncer à cette vente.

Il nous est maintenant facile de résoudre la question des risques dans toutes les hypothèses particulières et notamment dans la vente des marchandises que l'on a l'habitude de compter, de peser ou de mesurer.

Tantôt en effet, une telle vente peut porter sur des marchandises considérées *in genere* (je vous vends cent mesures de blé), dans ce cas la question ne se pose pas. Tantôt elle peut constituer une vente pure et simple, où les risques sont pour l'acheteur (je vous vends un tas de blé déterminé pour un prix unique) (Vente *per aversionem* (1). Enfin cette vente peut être conditionnelle et jusqu'à l'arrivée de la condition, les risques sont pour le vendeur ; c'est ce qui arrive lorsque je vous vends tel tas de blé mais à tant la mesure, ou tant de mesures à prendre sur tel tas de blé. Il en est

(1). L. 35, § 5, *de contrat. empt.*

de même dans la vente *ad gestum* ; c'est seulement du jour où les marchandises ont été mesurées ou agréées que les risques passent du vendeur à l'acheteur. (1)

Vente sous condition résolutoire. — Il nous faut dire un mot de cette vente. La question des risques dépend, en cette matière, de l'opinion que l'on adopte sur les effets de la condition résolutoire.

Ceux qui lui reconnaissent pour effet de remplacer le premier contrat par un autre en sens inverse, sont amenés à mettre la perte partielle à la charge du vendeur, la perte totale au contraire à la charge de l'acheteur ; l'acheteur en effet, en cas de perte totale ne peut invoquer, à l'effet de récupérer son prix d'achat, le nouveau contrat qui ne peut plus se former faute d'objet.

Ceux, au contraire, pour qui la condition résolutoire resout simplement le contrat primitif, lui reconnaissent cet effet aussi bien en cas de perte totale que de perte partielle, et par conséquent les risques sont dans tous les cas pour le vendeur qui devra toujours restituer le prix (2).

Les partisans de la première opinion nous disent d'abord, que la vente sous condition résolu-

---

(1) Nous devons parler également ici des ventes qui, d'après l'intention des parties, doivent être constatées par écrit. C'est seulement, d'après Justinien, du jour de la rédaction de l'écrit, que la vente est parfaite et que les risques, par conséquent, passent à l'acheteur.

(2) Bufnoir, théorie de la condition p. 455.

toire n'est qu'une vente sous condition suspensive renversée et qu'il suffit de renverser la règle admise dans cette dernière pour avoir la solution des risques dans la vente sous condition résolutoire.

Cette comparaison peut être commode parfois et aider quelquefois la mémoire, mais elle n'a rien de juridique ni d'exact.

Ces jusisconsultes invoquent ensuite à l'appui de leur thèse, trois textes de Mela, Ulpien et Paul (1) et un fragment de Pomponius (2).

D'après ces textes, dans trois espèces de ventes sous condition résolutoire, en cas de *lex commissoria*, d'*in diem addictio* et de *pactum displicentiæ* les risques de la perte totale seraient pour l'acheteur.

Mais si nous examinons ces textes, nous voyons qu'ils n'impliquent pas du tout une théorie générale, mais que leurs solutions s'expliquent par des circonstances de fait.

Si nous prenons d'abord le fragment 2 *de lege commissoria*, Pomponius nous dit que le vendeur seul peut invoquer la *lex commissaria*; sinon il serait au pouvoir de l'acheteur en imposant la résolution, de mettre aux risques du vendeur la chose qui doit rester aux siens.

(1) LL. 2, § 1 ; 3, *de in diem add.* (18.2) : 20 § 1 de præcr. verb.
(2) L. 2, *de lege comm.* (18.").

Mais si les risques doivent être supportés par l'acheteur ce n'est pas que telle soit la règle dans la vente sous condition résolutoire, c'est précisément parce que dans cette espèce, la condition résolutoire ne se réalisera pas, le vendeur pouvant seul se prévaloir de la *lex commissoria* et ayant intérêt à ne pas le faire.

Il en est de même des deux autres textes que l'on invoque.

En cas d'*in diem addictio* et de *pactum displicentiæ*, si la perte totale est supportée par l'acheteur c'est que la condition résolutoire ne peut pas se réaliser. Lorsque la chose vendue a péri totalement, il est bien certain en effet que le vendeur ne peut trouver à la revendre à de meilleures conditions, et que l'acheteur ne peut prétendre qu'elle ne remplit pas le but dans lequel il l'a achetée.

§ II. — Du Louage.

Avant d'étudier les risques dans le louage, il faut avant tout, bien nous pénétrer de sa nature et de ses effets.

Ce contrat consiste dans l'accord de volonté de deux personnes qui s'engagent réciproquement, l'une à payer une somme d'argent *(merces)*, l'autre à fournir en échange l'usage d'une chose déterminée ou à accomplir un fait également déterminé.

Lorsque l'une des parties ne peut, par suite d'un cas fortuit, procurer l'usage de la chose ou accomplir le fait promis, peut-elle néanmoins exiger de l'autre le paiement de la *merces ?*

C'est ainsi que se pose la question des risques en matière de Louage.

Pour y répondre il faut distinguer entre la *Locatio rerum,* la *conductio operis faciendi* et la *Locatio operarum.*

Locatio rerum. — Les textes que nous rencontrons décident que le locateur est bien libéré par le cas fortuit, mais qu'il ne peut réclamer au locataire le paiement de la *merces* pour le temps qui reste à courir, en un mot qu'il ne peut exiger ou retenir de la *merces* que ce qui correspond à la jouissance qu'il a procurée effectivement, « *ex locato tenetur conductor ut prorata temporis quo fruitus est pensionem præstet.* » (1)

Les risques sont donc pour le *locator.*

Mais alors la question des risques ne recevait pas la même solution dans le contrat de louage que dans le contrat de vente puisque c'est ici le débiteur qui supporte les risques de la perte de la chose due.

(1) L. 9, § 1. (19, 2). — L. 15, § 7 et 33 *in fine* (19, 2).

Pourquoi cette différence entre deux contrats à la fois consensuels et à titre onéreux ?

Pothier (1) analysant le contrat de louage essaye de la justifier ainsi : le Louage n'est pour lui qu'une espèce de vente de fruits futurs ou de l'usage futur de la chose louée, donc une vente conditionnelle dont la perfection est subordonnée à cette condition, que des fruits naîtront ou que l'usage de la chose sera possible; c'est donc la règle de la vente conditionnelle qu'il faut appliquer au louage de choses et non celle de la vente pure et simple.

Pour lui un louage de choses ne serait qu'une série de vente conditionnelles, chaque acte de jouissance devenant pour le *conductor* la cause d'une obligation de payer une part correspondante du prix.

Mais comme le dit M. Labbé, le contrat a plutôt pour objet de procurer au locataire la faculté de faire naître sur la chose louée des fruits et de les recueillir, que de lui procurer directement la possession ou la propriété des fruits.

De plus cette explication n'est plus suffisante lorsque les parties ont par une clause formelle mis les risques à la charge du locataire ; à moins que l'on ne prétende que cette clause a pour effet de rendre le contrat aléatoire et de le transformer

(1) Louage, n° 139.

en ce que les Romains appellent une *emptio spei* (1).

On ne peut pas davantage dans le système de Pothier expliquer l'exigibilité anticipée de loyers en cas de faillite (2102 Code civil.)

Nous ne pouvons donc admettre cette opinion et nous préférons expliquer cette différence par la nature particulière des obligations dans le louage plutôt que par des modalités sous-entendues, qui affecteraient le contrat lui-même.

Nous avons vu que dans la vente, si les risques sont pour l'acheteur, c'est que les deux obligations réciproques ont du jour de la perfection du contrat une existence propre et indépendante et peuvent par suite s'éteindre séparément.

En matière de louage, au contraire, le contrat parfait a bien pour effet de faire naître deux obligations, mais ces deux obligations bien que pures et simples et non conditionnelles comme le voulait Pothier, n'ont pas une existence indépendante ; elles ont dû à la formation du contrat, être la cause l'une de l'autre, mais cette cause qui dans la vente n'a besoin d'exister qu'un seul instant, doit dans le louage se prolonger et se perpétuer jusqu'à la réalisation complète de l'intention des parties.

(1) L. 8, *pr*. et § 1 (18.1)

Et s'il en est ainsi, cela tient à ce que l'obligation du bailleur n'est pas comme celle du vendeur susceptible, de s'exécuter en un seul instant de raison ; c'est au contraire une obligation successive qui a pour objet un fait durable, une durée de jouissance. Ce fait doit rester possible pendant tout le temps convenu : « Dès qu'une impossibilité survient, dit M. Labbé (1) l'obligation du bailleur qui devait se prolonger, se renouveler à chaque instant, cesse, nous ne disons pas s'éteint ; elle cesse de naitre pour les instants qui suivent l'impossibilité survenue. L'obligation du locataire est également successive, elle cesse de se former et de s'accroître dès que son corrélatif nécessaire, l'obligation du bailleur, est arrêtée faute d'objet, dans son développement. »

On ne peut élever contre cette règle, la critique formulée contre la règle des risques dans la vente ; on ne peut l'accuser de ne pas être conforme à l'intention des parties, puisque chaque obligation n'est exigible qu'autant que l'équivalent a été réellement obtenu et que l'acquisition d'une simple créance n'est plus qu'une cause nécessaire, mais non suffisante d'obligation.

Les risques de la perte totale de la chose louée sont donc pour le bailleur, le locataire n'étant plus tenu de payer la *merces* à partir de ce jour.

_____

(1) Labbé *op. cit.* § 102 *in fine.*

Quid de la perte partielle et des détériorations survenues par cas fortuit ?

Les textes nous répondent que ces risques incombent encore au *locator* (1). La *merces* doit être diminuée proportionnellement à la privation de jouissance.

De l'emphytéose. — Il est un louage de chose, qui à raison de sa durée revêt un caractère spécial: Le contrat d'emphytéose ou bail à long terme. Avant que l'empereur Zénon en ait fait un contrat à part, on discutait si l'on devait le regarder comme une vente ou plutôt comme un louage. (2)

L'intérêt pratique de cette question se faisait surtout sentir au point de vue des risques. Devait-on appliquer les règles de la vente et imposer les risques à l'emphytéote, ou au contraire les règles du louage et les mettre à la charge du bailleur ?

Quoiqu'il en soit, Zénon (3) trancha cette question, en mettant la perte totale à la charge du propriétaire et la perte partielle à la charge de l'emphytéote.

DU LOUAGE D'INDUSTRIE

Il est de deux sortes : louage d'ouvrage, louage de services.

(1) L. 25, § 6, (19, 2) — L. 15, § 2, 3, (19, 2).
(2) Gaius, C. III, § 145 — Inst. § 3, (3, 24).
(3) L. 1, Code *de jure emphy.* (4, 66).

Louage d'ouvrage (*conductio operis faciendi.*) —
Dans ce contrat l'une des parties s'engage à
fournir à l'autre son travail, son habileté, en vue
d'un ouvrage déterminé, l'autre à lui payer en
retour un salaire, une *merces* ; la première prend
le nom de *conductor*, la seconde celui de *locator*.

Lorsque par suite d'un cas fortuit, l'ouvrage
vient à périr, le *locator* qui n'a pas obtenu l'équivalent attendu, doit-il néanmoins le paiement de
la *merces* au *conductor* ?

Nous supposons que la chose corporelle à laquelle doit s'appliquer le travail du *conductor* a
été fournie par le *locator*, en un mot que ce travail a fait l'objet principal du contrat, sinon il
faudrait décider avec Pomponius (1) qu'il n'y a
plus là un louage, mais une vente et que les risques sont pour le *conductor*.

Nous laissons également de côté les hypothèses
ou la perte de l'ouvrage proviendrait d'une faute
soit du *locator* soit du *conductor*, ou d'un vice
quelconque de la chose elle-même. Ce sont là des
évènements qui seront imputables tantôt à l'une,
tantôt à l'autre des parties et qui leur nuiront en
conséquence.

Qui donc doit souffrir du cas fortuit ?

Le *conductor* qui s'est engagé à confectionner
un ouvrage déterminé, n'est libéré de son obliga-

(1) L. 20, *de cont. Empt.* (18, 1).

tion que lorsque l'ouvrage a été agréé par le *locator*, qui ne peut le refuser qu'autant qu'il n'est pas conforme aux règles de l'art.

Du jour de l'acceptation, l'ouvrage passe donc aux risques et périls du *locator* et s'il vient dès lors à périr par cas fortuit, c'est pour lui qu'il périt.

Mais où la question peut présenter des difficultés, c'est lorsque la perte se produit avant que l'ouvrage ait été agréé.

La question est d'ailleurs la même que l'ouvrage ait dû être agréé en entier ou par parties. Lorsque l'ouvrage se compose de plusieurs parties en effet, la portion qui a été reçue, passe définitivement aux risques du *locator* et la question ne se pose que pour celle qui ne l'a pas encore été.

Ainsi l'ouvrage en cours d'exécution vient à être détruit. Qui va souffrir de cette perte?

L'ouvrier qui s'est engagé à livrer un ouvrage déterminé, à y employer toute son habileté et son industrie est présumé n'avoir pas rempli son obligation et être en faute, lorsque l'ouvrage vient à être détruit avant son achèvement.

C'est en raison de cette présomption que Florentinus (1) met les risques à la charge de l'ouvrier jusqu'à ce que cette présomption ait été détruite par l'effet de la réception des travaux par

(1) L. 36, Diz. (19.2).

le maître, ou de sa mise en demeure de les approuver. « *Opus quod aversione locatum est ; donec adprobetur, conductori periculum est. Quod vero ita con-
ductum sit ut in pedes mensurasve præstetur, eatenus
conductoris periculo est, quatenus admensum non
sit, et in utraque causa nociturum locatori si per
eum steterit, quominus opus adprobetur vel adme-
tiatur.* »

Mais s'il est démontré que cette perte de l'ouvrage a été le résultat d'un cas fortuit, qui n'est
par conséquent imputable à aucune des parties,
laquelle des deux va supporter cette perte ?

Le texte précédent nous répond : « *Si tamen vi
majore, opus prius interciderit, quam adprobare-
tur locatoris periculo est, nisi si aliud actum est.* »

C'est donc le *locator* qui supporte les risques des
cas fortuits.

Mais si le cas fortuit ne doit pas nuire au *conductor*
il ne doit pas non plus lui profiter. Si ce dernier a
donc, par sa faute, perdu tout droit à la *merces*,
l'arrivée du cas fortuit ne saurait le lui rendre :
« *Si, priusquam locatori opus probaretur, vi aliqua
consumptum est, detrimentum ad locatorem ita
pertinet, si tale opus fuit, ut probari deberet.* »

Cette opinion de Florentinus est confirmée par
deux autres textes.

Africain : « *Si insulam ædificandam locasses et
solum corruisset, nihilominus teneberis* (1). »

(1) L. 33, Dig. (19-2).

Javolenus : « *Marcius domum faciendam a Flacco conduxerat ; deinde operis parte effecta, terræ motu concussum erat ædificium, Massurius Sabinus, si vi naturali veluti terræ motu, hoc acciderit, Flacci esse periculum* (1) ».

Il y a cependant un autre texte qui a soulevé des difficultés Ce texte est d'Ulpien (2).

« *Item cum quidam nave amissa vecturam, quam pro mutua acceperat, repeteret, rescriptum est ab Antonino Augusto, non immerito procuratorem Cæsaris ab eo vecturam repetere, cum munere vehendi functus non sit ; quod in omnibus personis similiter observandum est.* »

M. Labbé (3) invoque ce texte pour soutenir que le salaire n'est dû à l'ouvrier que lorsqu'il a procuré une utilité quelconque au maître. Dans l'espèce le transport n'ayant pas été effectué, le salaire n'est pas dû, car le transport ne présente d'utilité qu'autant qu'il a été effectué en entier. Telle serait la règle générale pour les risques en matière de louage d'ouvrage.

Les textes que nous avons précédemment analysés se référeraient à une hypothèse spéciale, la construction d'une maison et leur décision s'expliquerait par cette considération que les matériaux employés, par le fait même de leur incorporation

(1) L. 59, Dig. (19-2).
(2) L. 15, § 6 (19 2).
(3) Labbé, op. cit., n° 109.

au sol, constitueraient immédiatement une augmentation de patrimoine pour le maître, alors
même qu'ils viendraient plus tard à être détruits
par cas fortuit.

M. Maynz (1) interprète ce même texte d'une
autre façon : dans ce cas, dit-il, le voiturier avait
reçu d'avance, à titre de prêt « *pro mutua* », une
somme d'argent qu'il avait la faculté de rembourser en effectuant certain transport.

Les règles à appliquer ne sont donc pas celles
du louage. Pour lui la règle générale des risques
serait celle-ci : Lorsque par suite d'un événement
fortuit, l'exécution du contrat devient impossible,
l'ouvrier n'en a pas moins le droit d'exiger le prix
convenu.

Je crois pour ma part qu'on a eu tort de se préoccuper de ce texte dans la *conductio operis*. C'est
en effet à propos de la *locatio rerum* que nous le
trouvons. Ulpien nous présente cette hypothèse
comme un exemple de louage de choses ; ce qui a
fait l'objet du louage ce n'est pas le transport mais
le navire. Le transport n'est qu'un moyen de jouir
du navire, un fruit du navire si l'on veut, et comme
cette jouissance dans l'espèce a été nulle, aucun
salaire n'est dû, car dans le louage de choses, le
salaire n'est dû que proportionnellement à la
jouissance procurée.

(1) Eléments de droit romain, t. 2, § 301, not. 11, p. 208.

Selon moi, dans la *conductio operis*, voici la règle qu'il faut admettre. En cas de perte de la chose due, le salaire doit être payé à l'ouvrier non pas en raison de l'utilité qu'il a procurée effectivement au maître (cette utilité peut être détruite complètement par un événement fortuit), mais en raison du travail qu'il a utilement effectué, « *si tale opus fuit ut probari deberet.* »

Louage de services. — (*Localio operarum*). — Dans ce contrat, l'une des parties s'engage à se mettre à la disposition de l'autre et à lui fournir ses services, en échange d'un salaire qu'on doit lui payer en retour.

La première s'appelle *locator*, la seconde qui paye la *merces* prend le nom de *conductor*.

Lorsque par suite d'un cas fortuit, le travail n'a pu être fourni par le *locator*, la *merces* est-elle due néanmoins par le *conductor* ?

Les textes nous répondent :

« *Qui operas suas locavit, totius temporis mercedem accipere debet, si per eum non stetit quominus operas præstet.* » Paul (1).

Le salaire est donc dû au *locator* pendant tout le temps convenu, bien que le travail n'ait pas été fourni, « *si per eum non stetit...* » c'est-à-dire si l'impossibilité n'est résultée ni de sa faute, ni même de son fait. Ce sont là en effet les condi-

(1) L. 38, pr. (19 2).

tions nécessaires pour que le débiteur soit libéré par la perte de la chose due.

Que le *locator* perde son droit à la *merces* lorsque c'est par sa faute ou son fait que les services n'ont pas été rendus, rien de plus juste. Mais supposons qu'un cas fortuit, une maladie le rende impropre à accomplir le travail qu'il a promis, qui souffrira de cet événement ?

Les anciens auteurs pensent que c'est le *locator* qui dans ce cas supportera les risques et qu'il ne pourra plus réclamer la *merces*, du jour où il aura cessé de fournir ses services.

D'après eux, il faudrait distinguer entre les cas fortuits, selon qu'ils proviennent du chef du *conductor* ou au contraire du chef du *locator*.

Chacune des parties supporterait les risques des événements fortuits provenant de son chef, avec ce tempérament toutefois que nous trouvons dans le fragment 19, § 9 (19, 2) à savoir que le *locator*, même lorsqu'il est resté étranger à l'événement, ne peut réclamer son salaire qu'autant qu'il n'a pas trouvé à placer ailleurs ses services.

« *Quum quidam exceptor operas suas locasset, deinde is qui eas conduxerat decessisset imperator Antoninus cum Divo Severo rescripsit ad libellum exceptoris in hæc verba : Quum perte non stetisse proponas, quominus locator operas Antonio Aquilæ sol-*

veres, si eodem anno mercedes ab alio non accepisti,
fidem contractus impleri œquum est. »

Dans ce cas en effet, l'équité exige que le *locator*
ne puisse pas, grâce au cas fortuit, obtenir deux
fois le salaire de ses services. « *Non œquum est*
ut a duobus, operarum suarum mercedem locator
exigat, qui eas neque duobus prœstitit, neque
prœstari potuisset. »

S'il s'agit enfin d'un de ces cas fortuits qui ne
proviennent précisément du chef d'aucune des
parties, il faudrait toujours d'après ces auteurs, en
revenir à cette règle d'équité admise pour le
louage de chose et qui doit toujours dominer la
matière, je veux dire que les deux obligations réciproques devant toujours être exactement équivalentes, le *locator* ne pourrait exiger son salaire que
pour le temps où il a été employé.

Mais cette opinion est en contradiction manifeste
avec les termes si précis du frag. 38 pr. « *totius*
temporis. »

Selon moi le *conductor operarum* doit supporter
les risques de tous les cas fortuits excepté de ceux
qui proviendraient du chef du *locator*.

S'il en est ainsi, il semble que dans la *locatio*
operarum à la différence de ce qui a lieu dans les
deux autres espèces de louage, les risques sont
toujours pour le créancier qui doit payer le salaire
tout entier et non pas seulement une part proportionnelle.

Cette faveur avec laquelle est traité le *locator operarum* peut s'expliquer par la position inférieure et souvent misérable qu'il occupe par rapport au maître et c'est là un motif qui suffit à la justifier.

§ III. — De la Société

La Société est un contrat par lequel chacun des associés s'engage à mettre en commun une chose quelconque, en vue de participer aux bénéfices réalisés par cette Société dans l'exploitation du fonds commun.

L'apport ainsi promis peut consister en un droit de propriété ou un autre droit réel, en un droit de jouissance, de créance, ou bien simplement dans l'obligation de fournir à la Société son talent, son industrie.

Lorsque la chose que l'associé avait promis de mettre en commun vient à périr par cas fortuit, qui subira cette perte ? La Société dont l'actif social se trouvera diminué d'autant, mais qui n'en continuera pas moins de fonctionner, ou bien l'associé qui n'ayant pas réalisé son apport, ne pourra plus prétendre à l'action *pro socio* ce qui entraînera la dissolution de la Société?

Il faut pour répondre à cette question se deman-

der tout d'abord, à quel moment se produit la
perte de la chose qui devait être mise en commun.

Si la chose périt après que l'apport a été réalisé,
par suite d'un événement postérieur à cette réalisation, il est de toute évidence que c'est la société
c'est-à-dire l'ensemble des associés qui supportera
cette perte. Son actif se trouvera diminué d'autant
à la répartition finale, mais l'associé ayant exécuté
son obligation n'en aura pas moins le droit de
prélever sur le capital une part proportionnelle à
son apport.

Si nous supposons au contraire, que la chose objet de l'apport, périt fortuitement avant que celui-
ci ait été réalisé, c'est alors que se pose la question
des risques. L'associé qui n'a pas réalisé son apport, qui ne peut plus le réaliser, conserve-t-il ses
droits dans la société ? peut-il prétendre à l'équivalent en vue duquel il s'était obligé ?

Il faut d'abord mettre de côté le cas où l'associé
s'est obligé à apporter un genre, une somme d'argent par exemple. Nous savons en effet que *genera
non pereunt* et que le débiteur ne peut être libéré
que par l'exécution de son obligation.

C'est bien ce que nous dit Ulpien (1) : L'associé ne peut prétendre aucuns droits tant

_____

(1) L. 58, § 1, Dig. (17. 2).

qu'il n'a pas effectivement réalisé son obligation.

La question des risques ne se pose que lorsque l'objet de l'apport est relatif à un corps certain. Ce dernier périt fortuitement, avant que le droit ait été transféré à la société, quid des droits de l'associé dans le fonds social ?

Il nous faut distinguer si l'apport consiste dans un droit réel de propriété ou autre, ou bien en un droit de créance, de jouissance, en un mot si l'obligation de l'associé est susceptible de s'exécuter en une seule fois, en un seul instant de raison, ou si, au contraire, son exécution ne peut être instantanée mais doit nécessairement se prolonger

C'est la même distinction que nous avons établie entre l'obligation du vendeur et celle du bailleur.

Dans la Société l'obligation de l'associé peut ressembler à l'une ou à l'autre de ces deux obligations. C'est pourquoi la solution des risques n'est pas la même dans tous les cas.

Lorsque l'associé doit transférer à la société un droit de propriété ou autre droit réel, un droit de créance, transfert qui peut s'accomplir en un instant par un acte juridique simple, les risques sont pour la société du moment où le contrat de société s'est formé par le consentement ; si l'objet de l'obligation vient à périr, même avant que le transfert ait eu lieu, c'est pour tous les associés qu'il périt et non pour l'associé débiteur seul.

Si nous avons mis en commun, vous trois chevaux et moi un seul, dans l'intention de former un
quadrige indivis entre nous et d'en partager proportionnellement les profits, mon cheval vient-il à
périr ? c'est pour la société qu'il périt. Celle-ci n'est
pas dissoute par la perte de mon apport, elle continue de fonctionner et je pourrai, à la dissolution,
venir au partage des bénéfices obtenus avec les
trois chevaux qui restent (1).

Lorsque l'associé, au contraire, s'est engagé à
procurer à la société la jouissance d'un de ses
biens, c'est là une obligation successive comme
celle du *locator rei*, qui doit se prolonger tout le
temps que durera la société. Si par suite d'un cas
fortuit cette obligation ne peut plus être exécutée,
le débiteur sera libéré de son obligation, en ce sens
qu'il ne devra à la société aucuns dommages-intérêts,
mais la société ne pourra plus fonctionner, l'obligation qui lui servait de cause venant à s'éteindre
faute d'objet. La société sera donc dissoute, mais
dissoute seulement pour l'avenir ; si des bénéfices

---

(1) Ulpien, L. 58, pr. (17-2). « *Si id, quod quis in societatem contulit
extinctum sit, videndum, an pro socio agere possit ? Tractatum ita est
apud Celsum lib. 7 digestorum ad epistolam Cornelii Felicis: cum tres
equos haberes, et ego unum, societatem coimus, ut accepto equo meo,
quadrigam venderes, et ex pretio quartam mihi redderes. Si igitur ante
venditionem equus meus, mortuus sit, non putare se Celsus ait, societatem
manere nec ex pretio equorum tuorum partem deberi : non enim habendæ
quadrigæ sed vendendæ coitam societatem. Cæterum si id actum dicatur
ut quadriga fieret, eaque communicaretur, tuque in ea tres partes
haberes, ego quartam, non dubie adhuc socii sumus.* »

ont été réalisés dans le passé, il n'en seront pas moins partagés entre tous les associés et de la sorte on peut dire que comme dans le louage, l'équivalent n'est dû ' exactement que pour le temps où la jouissance a été réellement procurée à la Société. Les risques sont donc dans cette seconde hypothèse pour l'associé débiteur.

Si au lieu de mettre en commun, vous vos trois chevaux et moi mon cheval, nous sommes convenus de les vendre ensemble et d'en partager proportionnellement le prix, si mon cheval vient à périr avant la vente, qui supportera la perte?

Celsus répond que c'est moi et non la Société, car ce que j'avais promis, ce n'était pas la propriété de mon cheval, mais le fait de le tenir à la disposition de mon associé en vue de la vente. Mon obligation ne pouvant plus être exécutée, la société ne peut plus atteindre son but, elle est dissoute de ce jour et si vous vendez vos trois chevaux je n'aurai rien à réclamer dans le prix.

Telle est l'opinion admise par Pothier d'après le texte d'Ulpien.

M. Labbé admet également la même interprétation (1).

On a cependant prétendu que telle n'était pas la règle romaine sur les risques en matière de société, et que les risques ne devraient toujours être

(1) Labbé op. cit. n° 115.

encourus par la Société que du jour de la mise en commun, qu'il s'agisse d'un corps certain ou d'une chose de genre (1).

Pour cela on a généralisé le § 1 de la loi d'Ulpien, qui ne statue cependant qu'en vue d'une dette de genre et l'on a voulu en dénaturant le texte du *principium* de la même loi, y trouver un argument en faveur de cette opinion. « *Si id actum dicatur ut quadriga fieret, eaque communicaretur.* » Le mot *communicaretur* indiquerait une condition réalisée par un fait postérieur à la convention et non simplement l'un des objets de cette convention. La mise en commun serait une condition nécessaire pour que les risques incombent à la société.

Cette interprétation est manifestement contraire au sens grammatical du texte et l'on doit y voir une tendance à réformer la théorie ancienne, plutôt que l'expression de cette théorie elle-même.

§ IV. — Des contrats innommés.

La question des risques en cette matière doit recevoir des solutions différentes selon l'époque à laquelle on se place dans le droit romain pour l'envisager. Nous savons que la théorie des contrats

_____

(1) Domat. Lois Civiles, Société Sect. 4, n° 14.
De Maleville. Analyse raisonnée, t, 4. p, 23°

innommés a parcouru successivement différentes
phases, avant d'arriver à se former complètement,
telle que nous la trouvons dans le dernier état du
droit.

Tant que le pacte synallagmatique exécuté par
l'une des parties, n'a pu produire les effets d'un véritable contrat, c'est-à-dire donner à la partie qui a
exécuté, une action à l'effet d'obtenir la prestation
adverse, tant que la *condictio ob rem dati* a été le
seul moyen au pouvoir de cette partie, d'empêcher
l'enrichissement injuste de son co-contractant,
tant qu'elle a pu sans motifs revenir sur sa prestation *(condictio ob pœnitentiam)*, on conçoit que
les risques de la chose aient été dans tous les cas
à la charge du propriétaire débiteur.

En effet dans cet état du droit il n'y a pas à proprement parler d'obligation, pas de chose due, chaque propriétaire supporte les risques de sa
chose.

Lors au contraire que l'exécution par une des
parties d'un pacte synallagmatique a pu engen-
drer au profit de cette partie une action, lorsque
la partie adverse s'est trouvée obligée civilement,
lorsque la *condictio ob rem dati* n'a plus été accordée sans motifs *(jus pœnitendi)* à la partie qui en
livrant sa chose a été considérée désormais comme
exécutant une obligation à sa charge, la question
des risques a dû recevoir une solution tout autre.

Dans ce dernier état du droit nous avons bien en effet une obligation parfaite, une chose due, et l'on peut se demander alors qui du créancier ou du débiteur supportera la perte de la chose due.

Voyons comment les textes ont répondu à cette question.

Nous trouvons au Digeste deux textes absolument opposés, l'un de Celsus (1), l'autre de Paul (2).

Ces deux textes peuvent très bien s'expliquer si nous considérons l'époque à laquelle écrivaient ces deux jurisconsultes.

Le premier Celsus qui vivait sous Trajan, résout la question des risques dans les contrats innommés à une époque où ces contrats étaient encore dans leur première phase et n'engendraient aucune obligation. Aussi pour Celsus les risques sont toujours pour le débiteur en ce sens, que si la chose due vient à périr *(si mortuus est Stichus)*

---

(1) Celsus, L. 16 Dig. (12, 4.) « *Dedi tibi pecuniam ut mihi Stichum dares : utrum id contractus genus pro portione emplionis et venditionis est, an nulla hic obligatio est quam ob rem dati re non secuta ? in quod proclivior sum et ideo si mortuus est Stichus, repetere possum quod ideo tibi dedi, ut mihi Stichum dares.* »

(2) Paul L. 5, § 1, Dig. (19, 5). « *Et siquidem pecuniam dem ut rem accipiam, emptio et venditio est : sin autem rem do ut rem accipiam, quia non placet permutationem rerum emptionem esse, dubium non est, nasci civilem obligationem ; in qua actione id veniet non ut reddas, quod acceperis, sed ut damneris mihi, quanti interest mea, illud de quo convenit, accipere, vel si meum recipere velim, repetatur quod datum est, quasi ob rem datam re non secuta. Sed si scyphos dedi tibi, ut Stichum mihi dares, periculo meo Stichus erit ; ac tu duntaxat culpam præstare debes.* »

la partie qui a exécuté le pacte, pourra toujours répéter ce qu'elle a donné. C'est bien là en effet la solution qui convient à ce premier état du droit.

Paul, au contraire, qui vivait sous Alexandre Sévère, c'est-à-dire à une époque où les contrats innommés étaient reconnus obligatoires et pourvus d'une action, nous donne une solution contraire et impose la charge des cas fortuits au créancier qui a exécuté le contrat (*periculo meo Stichus erit*). Dans ce dernier état du droit le créancier qui a exécuté le contrat aura le choix en cas de perte de la chose, entre l'action *prescriptis verbis* et la *condictio ob rem dati*, selon qu'il y aura intérêt, mais cela seulement lorsque le débiteur sera en faute, car nous dit Paul, les cas fortuits sont à sa charge.

C'est encore là, nous le voyons, l'application du principe général *res perit creditori* et cette solution est consacrée par un rescrit des empereurs Dioclétien et Maximien (1). « *Pecuniam a te datam, si hac causa pro qua data est, non culpa accipientis, sed fortuito casu non est secuta, minime repeti posse certum est.* »

Le débiteur n'est libéré, la répétition n'est impossible que lorsque la perte de la chose due résulte d'un cas fortuit. C'est bien là l'application de notre théorie générale.

(1) Loi 10. Code (4. 6).

Justinien aurait donc dû laisser de côté le texte de Celsus.

On a donné d'autres explications de la contrariété de ces deux textes.

On a prétendu que les deux jurisconsultes ne statuaient pas en vue de la même hypothèse ; que Celsus supposait la perte fortuite arrivée avant l'exécution du pacte par l'une des parties, Paul au contraire la présentant comme postérieure à la formation du contrat.

Outre que rien dans les termes de la loi 16 ne justifie absolument cette différence d'espèce, il me semble que cette circonstance ne serait pas de nature à modifier la solution admise par Celsus et que dans tous les cas, elle eût été la même quelle que fut l'époque ou se soit produit la mort de Stichus. Pour lui en effet, avant comme après la livraison, il n'y a pas de contrat, pas d'obligation.

On a dit encore que la solution admise par Celsus se justifiait par cette considération que ce jurisconsulte admettait dans tous les cas le *jus pœnitendi* au profit de celui qui avait exécuté le pacte, alors que Paul rejetait au contraire le principe et la conséquence.

Cette observation me semble juste et rentre dans l'explication que nous avons donnée précédemment. Dans le premier état du droit, celui qui a exécuté le pacte, qui a livré sa chose *ob rem* n'a pas exécuté une obligation ; la prestation qu'il a faite n'est considérée que comme une offre qu'il peut toujours retirer, tant que la prestation adverse ne lui a pas été fournie. Dans le dernier état du droit il n'en est plus de même, la *condictio ob rem dati* n'est plus donnée *ob pœnitentiam* et la solution inverse s'impose.

Ainsi donc pour résoudre la question des risques dans les contrats innommés, il faut se demander d'abord si le contrat s'est valablement formé. Si oui, les risques seront pour le créancier qui a exécuté la convention, sinon, il n'y a ni débiteur ni créancier puisque pas de contrat, la chose ne peut périr que pour le propriétaire.

Examinons les conditions de validité des contrats innommés dans les différentes formes qu'ils empruntent.

Il faut distinguer selon que l'événement qui a donné lieu à la formation du contrat est une dation ou au contraire un fait.

Do ut des. — *Do ut facias.* — Pour que le contrat innommé prenne naissance, il faut que la dation soit valable, que le droit réel ait pu être transféré.

Conséquences : Il n'y a pas de contrat lorsque 1° la personne qui a fait la dation a livré la chose d'autrui. — 2° lorsqu'une *res mancipi* a fait l'objet d'une simple tradition (et cela tant que cette chose *in bonis* n'a pas été usucapée). — 3° enfin lorsque

c'est un fonds provincial qui a fait l'objet de la
dation (les fonds provinciaux étaient hors du
commerce et ne pouvaient jamais être usucapés).

Dans tous les cas où le contrat n'aura pu se
former, les risques de chaque chose seront pour
son propriétaire.

Lors au contraire que la dation aura été valable,
la partie qui a livré sa chose aura à sa disposition
l'action *prescriptis verbis* pour obtenir l'exécution
de l'obligation correspondante (le débiteur doit
ipsam rem) ou la *condictio* pour demander la
restitution de sa chose ; mais les deux actions ne
lui seront accordées que contre le débiteur en
faute, et si la chose périt par cas fortuit, il ne
pourra y recourir, le débiteur sera libéré et les
risques seront pour la partie qui a livré sa chose
c'est-à-dire pour le créancier.

Nous savons que la *condictio ob pœnitentiam* a
été dans le dernier état du droit, réservée à deux
ordres d'hypothèses où elle se justifie par cette
considération que le débiteur n'a pas d'intérêt à
l'exécution du contrat, le contrat dans ces cas
se rapprochant beaucoup du mandat et devant
comme lui, être essentiellement révocable (1).

Il semble que dans ces deux hypothèses les risques soient toujours pour le débiteur puisque le

(1) Voyez Accarias. Tome II. page 582.

créancier par la *condictio ob pœnitentiam*, peut toujours revenir sur sa propre obligation.

Il n'en est rien cependant, puisque dans ce cas le débiteur n'a aucun intérêt, nous l'avons dit, à l'exécution du contrat, que la dation ne représente qu'une indemnité et que le débiteur doit être remboursé de toutes les dépenses en vue de l'exécution (1).

Facio ut des. — *Facio ut facias.* — Pour les deux autres ordres de contrats innommés, la question des risques n'a pas suivi la même marche que pour les deux premiers.

La différence en est que lorsqu'il s'agit d'une dation, on conçoit bien que l'on puisse répéter la chose qui en a fait l'objet, tandis que en présence d'un fait, en principe il n'en est pas ainsi.

A l'origine, l'auteur du fait était dépourvu de toute espèce d'action ; il ne pouvait exiger la dation ou le fait qu'il avait entendu se procurer et d'autre part, il ne pouvait pas, en principe, répéter son propre fait. Je dis en principe, car dans certains cas lorsque ce fait avait consisté dans une *acceptilatio ob rem* (2), ou une promesse (3), il pouvait être répété. De plus si c'était la remise matérielle d'une chose qui avait été effectuée, on pouvait re-

(1) L. L. 3, §§, 2 et 3, 5 pr. (12. 4).
(2) LL. 2, 10 (12. 4).
(3) L. 1, § 2, 3. (12. 7).

vendiquer la chose ; on pouvait sans doute aussi intenter une *condictio* si la partie adverse avait été enrichie ; enfin lorsque l'action *de dolo* eut été créée par le préteur *Aquilius Gallus*, elle fut dans tous les cas mise au service de l'auteur du fait (1).

Mais quand la dation ou le fait attendu est devenu impossible par suite d'un cas fortuit, lorsqu'il s'agit non de la remise matérielle d'une chose, mais d'un fait qui n'a procuré aucun enrichissement à la partie adverse, il est bien certain que c'est la partie qui a accompli ce fait et qui ne peut le répéter, qui supportera les risques de la perte de la chose.

Ainsi dans le premier état du droit lorsqu'il n'y a pas encore de contrat, c'est le débiteur qui supportera la perte de sa chose, lorsque le créancier pourra répéter son propre fait.

Mais c'est au contraire le créancier qui supportera les risques lorsque cette répétition ne sera pas possible. Ces risques pourront d'ailleurs être atténués dans certains cas, lorsque le fait aura enrichi le débiteur qui pourra être condamné jusqu'à concurrence de cet enrichissement.

Dans le second état du droit, au contraire, les risques seront toujours pour le créancier auteur du fait. Car en présence d'un cas fortuit entraînant la perte de la chose due, il ne pourra plus

(1) L. 5, § 3. (19. 5).

intenter ni l'action *prescriptis verbis* ni la *condictio ob rem* qui n'est plus accordée que contre le débiteur en faute.

En résumé, la question des risques comme la théorie des contrats innommés a passé par deux phases :

Dans la première, pas de contrat, pas d'obligation, chaque partie supporte les risques de sa chose ou de son fait.

Dans la seconde, du jour où le contrat est formé, les risques de la chose due passent au créancier, de même qu'en cas de vente, comme nous l'avons vu plus haut, ces risques passent à l'acheteur dès que la vente est parfaite. Le principe est donc le même ; la seule différence est que les conditions de perfection de ces deux contrats ne sont pas identiques : le contrat de vente étant consensuel, est parfait *solo consensu*, le contrat innommé ne le devient que lorsqu'il a été exécuté par l'une des parties.

CONCLUSION

Après avoir ainsi parcouru les différents contrats que nous présente le droit romain, et résolu
à propos de chacun d'eux la question des risques
résultant de la perte de la chose due, nous devons
prendre parti sur la question de savoir si les Romains ont été guidés, dans toutes les solutions
particulières que nous avons analysées, par un
principe unique et quel est ce principe.

Selon moi, ce principe unique, cette règle absolue n'existe pas ; elle n'est formulée nulle part et
rien ne nous indique que les jurisconsultes romains se soient préoccupés de cette idée de faire
rentrer toutes leurs décisions particulières sous
une même loi.

Ce sont les commentateurs qui ont voulu après
coup, établir cette uniformité dans la législation
et qui dans ce but, n'ont pas tenu compte de la
nature particulière de certaines obligations, qui
vu le formalisme de cette législation, aurait dû
leur défendre d'assimiler entre elles toutes les obligations et de résoudre par suite la question des
risques par une seule et même formule.

En fait de principe, selon moi, il n'y en a qu'un,
qui domine toute la matière et qui est absolu,

c'est celui-ci : A l'impossible nul n'est tenu :
Debitor certæ rei, interitu ejus fortuito, liberatur.

C'est en vertu de ce principe, qui est le fondement même du mode d'extinction des obligations
que nous avons étudié, la perte de la chose dûe,
que nous avons donné la règle *res perit creditori*
comme gouvernant la question des risques dans
les contrats unilatéraux, et même dans les contrats synallagmatiques lorsque dès la formation
du contrat, les obligations qui en dérivent ont eu
dès l'origine, une cause nécessaire et suffisante
pour leur assurer une existence indépendante, et
que cette cause n'a pas dû se prolonger jusqu'à la
réalisation complète du contrat.

S'il fallait donc absolument choisir entre les deux,
c'est la règle *res perit creditori* que j'admettrais.

Quant à la règle *res perit debitori*, jamais elle
ne s'applique. En effet, dans le louage où ses partisans la présentent comme la plus conforme à
l'équité, je prétends qu'il est inexact de dire que
les risques soient pour le débiteur.

Il faut s'entendre sur ce que l'on entend par ce
mot risques. Eh bien dans les contrats synallagmatiques où chacune des parties s'engage à fournir
à l'autre, l'équivalent de ce qu'elle en attend, les
risques pour chaque partie consistent dans les
chances qu'elle peut courir de voir diminué ou

7

même annulé complétement l'équivalent de ce qu'elle fournit elle-même.

Lorsque par suite d'un cas fortuit, l'un des équivalents ne peut plus être fourni en tout ou en partie, l'équité exige, semble-t-il, que l'autre prestation soit également diminuée proportionnellement.

C'est cette règle d'équité qui n'a pas été suivie dans la vente, que l'on a fait prévaloir dans le louage.

Dans ce dernier contrat en effet, chaque partie ne donne exactement que l'équivalent de ce qu'elle reçoit. La position des parties contractantes n'est donc pas changée par la survenance d'un cas fortuit rendant impossible l'exécution d'une des obligations.

Les parties n'ayant jamais à craindre de se trouver dans une position inférieure l'une vis-à-vis de l'autre, on peut donc dire que les risques tels que nous les avons définis, n'existent pas dans le louage, ou si l'on aime mieux, qu'ils se partagent également entre les deux parties.

On ne peut donc pas dire que les risques soient pour le débiteur plutôt que pour le créancier.

Aussi repoussons-nous la règle *res perit debitori*, comme nous avons repoussé déjà au cours de cette étude la règle *res perit domino*.

Sans doute, le débiteur qui a promis la jouissance de sa chose, son industrie ou ses services, courra plus de risques que le créancier, car, indépendamment des risques auxquels il peut être exposé de ne pas recevoir l'équivalent de ce qu'il donne, il court en plus le risque de perdre sa chose elle-même ou l'exercice de ses facultés, de son industrie. Mais ces risques ne dérivent pas du contrat, ils existent indépendamment de lui ; ce n'est pas comme débiteur, mais comme propriétaire qu'on y est exposé.

Si l'on fait allusion à ces derniers risques, sans doute on peut dire *res perit debitori*, mais cette règle n'a rien à faire lorsque l'on étudie les effets de la perte de la chose due sur les obligations réciproques des parties contractantes.

Ce n'est que grâce à une confusion entre les droits que l'on peut acquérir sur une chose en vertu d'un contrat déterminé et les droits que l'on peut avoir sur cette même chose en vertu d'un titre de propriété que les deux règles *res perit debitori* et *res perit domino* se sont également établies.

Toutes les deux ont le tort de ne pas répondre à notre question et nous ne devons pas leur reconnaître plus d'importance qu'elles ne le méritent.

DE LA

SURENCHÈRE DU SIXIÈME

ET SPÉCIALEMENT DE SES EFFETS

INTRODUCTION

DÉFINITION DE LA SURENCHÈRE

Lorsqu'un immeuble est vendu aux enchères publiques, toute personne a le droit de faire monter le prix d'adjudication, en offrant une somme supérieure à celle offerte par les précédents amateurs. Cette offre porte le nom d'enchère lorsqu'elle est faite au cours même de la séance où doit être prononcée l'adjudication.

Mais on conçoit que cette offre d'un prix supérieur puisse avoir lieu en dehors de cette séance, sous certaines conditions de temps, de lieu et de taux. Cette offre s'appelle alors *surenchère* et c'est précisément les conditions qui sont imposées à la personne qui veut surenchérir, comme aussi les formalités et plus spécialement les effets de la surenchère, qui vont faire l'objet de cette étude.

Cette surenchère porte, dans notre droit actuel, le nom de surenchère du sixième, et il importe avant tout de bien la distinguer d'une autre espèce de surenchère, la surenchère du dixième. Cette dernière qui est régie par les articles 2185 et suiv. du Code civil, n'est que l'exercice même du droit de suite qui appartient à tout créancier hypothécaire contre le tiers-acquéreur de l'immeuble hypothéqué ; la surenchère du sixième, au contraire, que nous trouvons organisée dans le Code de procédure civile au titre de la saisie immobilière, est une garantie instituée par le législateur, et destinée, grâce à la publicité qui l'entoure, à attirer les amateurs à l'adjudication et à faire atteindre ainsi à l'immeuble sa plus haute valeur.

Avant d'aborder l'étude de la surenchère du sixième, telle qu'elle est organisée de nos jours, il est intéressant de rechercher brièvement à quelle époque cette institution est apparue dans notre législation et si c'est dans le droit romain, comme pour bien d'autres, que nous devons en placer l'origine.

DES ORIGINES DE LA SURENCHÈRE

I *Droit romain. — In diem addictio.* — On trouvait en droit romain une espèce particulière de vente que l'on désignait sous le nom d'*in diem*

addictio : le vendeur s'y réservait par une clause
spéciale le droit de résoudre la vente, s'il trouvait
dans la suite à revendre sa chose, à des conditions
plus avantageuses.

Cette clause qui pouvait se présenter sous la
forme d'une condition suspensive (1), ne consti-
tuait le plus souvent qu'une condition résolutoire (2) ; de plus elle devait toujours être exprimée et ce n'est que par exception qu'on la sous-
entendait dans les ventes opérées par le fisc ou
par certaines villes qui en avaient reçu le privilège (3).

L'existence de ce privilège nous montre bien
quel était le caractère de cette vente : c'était une
faveur que se réservait expressément le vendeur
où qui était attachée à la qualité de certains vendeurs. .

Cette sorte de vente ne présentait donc d'avantages que pour le vendeur, en lui permettant de
se soustraire à une vente onéreuse, lorsqu'il avait
vendu sa propre chose à un mauvais moment ou
lorsque administrateur de la chose d'autrui, il ne
voulait pas engager définitivement sa responsabilité.

(1) Paul. L. 1, *de in diem addict.* D. (18-2).
(2) Ulpien. L. 41 (18-2.) L. 2 (18-2).
(3) L. 1, Code, *Si propter public.* (4-46). — L. 1, *de vend. rebus civitatis.*
C. (11-31). — L. 11 *de fide et jure*, C. (10-3). — *Ad municipalem.* Dig.
Loi 2.

Les créanciers hypothécaires du vendeur n'a-
vaient pas d'intérêt à cette clause puisque leurs
droits n'étaient pas atteints par l'aliénation de leur
gage. En effet la vente d'un bien hypothéqué, soit
par le débiteur lui-même, soit par un de ses créanciers, ne privait pas les autres créanciers hypothécaires de leurs droits sur la chose.

L'acquéreur après surenchère (*adjectio*) n'était
pas non plus intéressé à cette clause. D'une part
en effet, il était toujours exposé aux poursuites
hypothécaires des créanciers de son vendeur ; il
n'était à l'abri de toute éviction de ce chef que
lorsqu'il tenait la chose du premier créancier (1).
D'autre part il restait soumis tout comme le débiteur lui-même aux droits réels principaux qui pouvaient grever la chose : droits de servitude, de
revendication, de résolution (2).

Nous verrons dans la suite, que les effets de notre
surenchère sont bien différents et que si elle
ressemble par certains cotés à l'*adjectio* du droit
romain, elle n'a ni le même caractère ni le même
but.

Nature et effets de l'adjectio. — L'offre de
conditions meilleures ou *adjectio*, réalisait la
condition résolutoire contenue dans la clause

(1) L. 12 § 7 *Qui pot.* Dig. (20.4). — LL. 13, 18. Code *de dist. pignor.*
— L. 22 § 1. *De jur. fisc.* (49.14).
(2) L. 18. Code *de dist. pignor.*

d'*in diem addictio*. La première vente était résolue ; la propriété elle même, du moins sous
Justinien, faisait retour *ipso jure* au vendeur.
L'acheteur était tenu de toutes les détériorations
provenant de son fait (1) ; il ne pouvait rien retenir
des bénéfices que la vente lui avait procurés; notamment il devait restituer tous les fruits perçus
depuis la tradition, (2) et céder toutes les actions
qu'il avait pu acquérir à l'occasion de la chose (3).

D'autre part l'acheteur n'avait à prétendre à
aucuns dommages-intérêts ; il pouvait seulement
exiger du vendeur le remboursement du prix de
la vente et des dépenses nécessaires faites par lui
sur la chose (4).

Cette idée de résolution était si puissante que
même dans le cas où le premier acheteur restait
acquéreur définitif, en vertu du droit de préférence qu'on lui reconnaissait, il était censé
conserver la chose, non par l'effet de son titre
primitif mais par celui d'une seconde vente (5) ; il
devait dans ce cas restituer en conséquence les
fruits qu'il avait perçus dans l'intervalle de deux
ventes (6).

(1) L. 14, § 1 *de in diem addict.*
(2) L. 6, princ. *de in diem addict.*
(3) L. 4, § 4. *de in diem addict.* — L. 11. § 10 (53.24).
(4) L. 16. *de in diem addict.*
(5) L. 6. § 1 ; LL. 7 à 9, *de in diem addict.*
(6) L 6, § 1 (18.2). Voyez Pothier sur cette loi,

II. — *Ancien droit.* — *Décret forcé.* — Les
coutumes germaniques ne comportaient aucune
exécution sur les immeubles pour le paiement des
dettes ; cette situation très préjudiciable pour les
créanciers, devait encore être favorisée par la
féodalité, en raison de l'importance exagérée qu'elle
attribuait à la terre.

Ce n'est qu'au XIIIe siècle, grâce à une clause
spéciale dite *obligation,* qui devint bientôt de
style dans tous les actes, et par laquelle le débiteur
était censé affecter ses immeubles au paiement de
sa dette, que l'on vint au secours des créanciers
en leur permettant de saisir et de faire vendre les
immeubles de leurs débiteurs (1).

Une autre idée se fait également jour à cette
époque. On veut que l'acquéreur de cet immeuble
puisse obtenir une propriété à l'abri de toute
menace d'éviction. La vente par la justice doit
donner à l'acquéreur une sécurité absolue et dans
ce but on décide que le décret forcé c'est-à-dire
l'adjudication après expropriation forcée, purge
tous les droits réels. Telle est donc la doctrine
qui apparaît à cette époque.

« Un décret, dit Loisel dans une de ses maxi-
mes (904), nettoie toutes hypothèques et droits,
fors les censuels et feudaux » (2).

(1) Thèse Petiet : Jugements d'adjudication sur surenchère.
(2) Voyez *Edit des Criées de 1551.* Art. 11 et 13.

Pour attribuer un tel effet à la vente en justice, pour ne pas sacrifier l'intérêt des créanciers à celui des adjudicataires, il fallait prendre des précautions pour que l'immeuble ainsi vendu atteignît son plus haut prix.

De là toute une série de formalités destinées à porter la vente à la connaissance des intéressés (mesures forcément collectives, puisque la publicité des droits réels et hypothécaires n'existe pas encore). Les personnes qui peuvent prétendre quelque droit sur l'immeuble saisi, sont ainsi mises en demeure de se faire connaître si elles veulent conserver leurs droits et surveiller la vente.

De là aussi la nécessité d'une adjudication aux enchères et l'admission de surenchérisseurs après l'adjudication.

La vente aux enchères était ainsi pratiquée dès le XIVe siècle (1).

Au moment où la surenchère apparaît dans notre ancien droit, nous pouvons constater que ce n'est plus dans l'intérêt exclusif du débiteur c'est-à-dire du vendeur, comme en droit romain, mais bien dans celui des créanciers, qu'elle a été admise ; elle nous apparaît alors, comme l'une des conditions nécessaires des effets produits par l'adjudi-

(1) Bouteiller. Somme rurale,. édit. Goth, fol, 110, verso.

cation en justice, notamment de la purge de tous les droits réels.

C'est donc à cette époque seulement que la surenchère se présente à nous avec son véritable caractère et son utilité pratique.

On veut assurer la sécurité des aliénations en justice et pour cela on prend toutes les précautions pour que l'immeuble atteigne sa plus haute valeur.

La surenchère fut successivement régie par une ordonnance de 1492 citée par le président Le Maistre (1), qui limitait à la quinzaine de l'adjudication le délai pendant lequel on pouvait surenchérir.

Henri II par le célèbre édit des criées de 1551, décide que les oppositions vidées, interviendra le jugement portant congé d'adjuder. Ce jugement fera courir le délai de quarante jours pendant lequel on pourra enchérir et à l'expiration duquel aura lieu l'adjudication sauf quinzaine (A. 6) ; le montant de cette adjudication sera publié et pendant la quinzaine qui suivra, toute personne sera reçue à surenchérir. La quinzaine expirée, la seconde adjudication aura lieu et le décret sera délivré au dernier enchérisseur (Art. 7 et 8.)

L'ordonnance de 1556 ne fait que confirmer les premières.

(1) *Traité des Criées.* Lyon, 1612, p. 256 à 361.

Quant aux effets de l'adjudication voici quels étaient les principes généralement admis.

L'adjudication sauf quinzaine n'était qu'une vente conditionnelle qui laissait par conséquent la translation de propriété indécise. L'adjudicataire définitif ne pouvait entrer en possession de la chose, qu'après avoir consigné son prix, ce qu'il ne faisait qu'après la levée et le scel du décret.

L'adjudicataire sauf quinzaine n'était donc pas propriétaire et ne pouvait prétendre aux fruits, qui appartenaient au vendeur et devaient être distribués aux créanciers en même temps que le prix (A. 157 Code Michaud). C'est dans cet article que se trouve l'origine de l'immobilisation des fruits des immeubles saisis, règle consacrée par l'Art. 682 du Code de procédure.

C'est donc dans notre ancien droit que nous trouvons la surenchère avec le caractère et la plupart des effets que nous lui reconnaissons encore aujourd'hui. C'est lui par conséquent qui doit surtout nous éclairer, dans l'étude que nous poursuivons.

PREMIÈRE PARTIE

CONDITIONS D'EXERCICE DE LA SURENCHÈRE DANS NOTRE DROIT ACTUEL

———

Actuellement la surenchère du sixième est régie par la loi du 2 juin 1841 sur la saisie immobilière et la loi du 21 mai 1858, portant modification au Code de procédure.

Comme dans notre ancien droit, elle a pour but, en faisant atteindre à l'immeuble adjugé, sa plus haute valeur, grâce à la publicité et à la concurrence, de sauvegarder les intérêts des créanciers dont les hypothèques et les privilèges sont purgés par l'adjudication, et par là même d'assurer à l'adjudicataire une propriété plus sûre qu'entre les mains du vendeur.

Le principe même de la surenchère a été violemment attaqué dans les travaux préparatoires de la loi de 1841.

On a prétendu qu'il y avait là un droit exorbitant, une véritable expropriation du premier adjudicataire par le second, mais ce point de vue n'a pas prévalu contre l'utilité de la surenchère.

Observation. — Nous allons voir que la surenchère du sixième s'applique non seulement à la vente sur expropriation forcée, mais encore depuis la loi de 1841, à toutes les ventes judiciaires volontaires. Quelle que soit d'ailleurs cette vente, les conditions d'exercice de la surenchère sont les mêmes, régies par les articles 708, 709 et 710 du titre de la saisie immobilière, (art. 965, Code de procédure); c'est donc là que nous allons les étudier.

CHAPITRE PREMIER

Aujourd'hui aucune controverse ne peut plus
s'élever. La loi du 2 juin 1841 a étendu le droit de
surenchère à toutes les ventes judiciaires.

Voyons rapidement quelles sont ces ventes :

1º *Vente sur saisie immobilière.* — Ce sont les
articles 708 et suivants au titre de la saisie immobilière qui consacrent et organisent le droit de
surenchère. Pour les autres ventes le Code de procédure se contente de renvoyer à ces articles.

2º *Vente sur conversion de saisie.* — L'article
743, procédure, renvoie à l'article 965, procédure,
qui lui-même prescrit l'appplication des articles
708 et suivants.

3º *Vente sur licitation.* — L'article 973 modifié
par la loi du 2 juin 1841, déclare applicables les
articles 708 et suivants.

4º *Vente des biens appartenant à des mineurs.*
— L'article 965 consacre le droit de surenchère du
sixième conformément à l'article 708.

8

5° *Vente faite par les héritiers bénéficiaires d'une succession.* — L'article 987 (1841) l'assimile à la vente des biens de mineurs.

6° *Vente faite par un curateur à une succession vacante.* — L'article 1001 l'assimile à la vente faite par les héritiers bénéficiaires.

7° *Vente des immeubles dotaux.* — L'article 997 *in fine* (1841) renvoie à l'article 965.

8° *Vente après cession de biens.* — L'article 904 renvoyait déjà, avant la loi de 1841, aux formes prescrites aux héritiers bénéficiaires. La loi du 2 juin 1841, ayant formellement admis la surenchère du sixième dans ce dernier cas n'avait pas à toucher à l'article 904 pour l'étendre aussi au cas de cession de biens. On ne peut se fonder sur le silence de cette loi pour prétendre que la surenchère ne s'applique pas ici et ceux là même qui soutiennent cette opinion, avouent qu'ils ne voient aucune raison pour refuser à cette vente une disposition que le législateur de 1841 avait l'intention d'étendre à toutes les ventes judiciaires volontaires. (1)

9° *Vente par suite de faillite.* — L'article 573 du Code de commerce (loi du 28 mai 1838) consacre le droit de surenchère mais l'organise d'une façon différente.

(1) Contra. Petit traité des surenchères p. 246.

10° *Vente sur folle enchère.* — Le droit de surenchérir du sixième existe-t-il également après une adjudication sur folle enchère?

Cette question est très controversée en doctrine et en jurisprudence.

Deux systèmes sont en présence :

Dans le premier qui considère la surenchère comme une mesure exceptionnelle et exorbitante, on repousse la surenchère parce que l'article 739 qui régit les formalités de la folle enchère a passé sous silence les articles 708, 709 et 710.

On la repousse également, car dit-on dans l'article 740 le législateur montre bien qu'il a considéré la revente sur folle enchère comme terminant la procédure et fixant d'une façon définitive le prix de l'immeuble.

Ces motifs ont été adoptés par la Cour de cassation, qui dàns un arrêt du 31 mars 1884 (Réq. Dalloz P. 1, 404) a définitivement fixé la jurisprudence sur ce point (Voyez cassat. 24 juillet 1882. D. P. 83, 1, 25).

Dans un autre système on considère la surenchère comme une formalité essentiellement favorable à la vente judiciaire des immeubles et depuis la loi de 1841 qui en a étendu l'application à toutes les ventes en justice, on doit, dit-on, l'admettre surtout après une revente sur folle enchère qui a toujours pour effet de faire baisser le prix d'adjudication de l'immeuble.

On doit même l'admettre lorsque la revente sur folle enchère se poursuit contre un adjudicataire sur surenchère et cela malgré l'article 710 qui pose la règle surenchère sur surenchère ne vaut; la revente sur folle enchère efface en effet toute la procédure antérieure et les adjudications précédentes, il n'y a plus que l'adjudication sur folle enchère qui comme toute autre adjudication doit être régie par l'article 708.

L'art. 739, dit-on encore dans ce système, ne s'occupe que des formalités lors de l'adjudication, non des effets et des suites de cette adjudication. Il ne tranche donc pas la question (1).

Pour moi, contrairement à la cour de cassation, je considère le droit de surenchère non comme un droit exorbitant en ce qu'il a pour effet de rompre un contrat formé en justice, mais comme une formalité essentielle de la procédure en matière de vente judiciaire, formalité proclamée par la loi de 1841. Cette formalité étant désormais le droit commun, les adjudicataires n'ont pas à se plaindre; ils savent en effet que leur titre n'est que conditionnel et exposé à être anéanti par la survenance d'une surenchère. Il n'y a pas là de surprise, mais les risques ordinaires auxquels est exposé tout contrat conditionnel.

(1) Carré sur Chauveau. Lois de la procédure. Quest. 2431 quinquiès. — Rodière. Cours de compétence et de procédure, 3° édit. t. 2.

Je crois néanmoins avec la jurisprudence que la surenchère n'est plus possible après une adjudication sur folle enchère. Si le droit de surenchérir est une formalité nécessaire, il ne faut pas oublier que l'art. 708 qui l'organise, n'en accorde l'exercice que pendant un délai de huit jours. Ce délai est fatal et éteint définitivement le droit de surenchérir, car ce qui constitue la garantie organisée par la loi, ce n'est pas tant l'exercice même de ce droit de surenchère que le délai pendant lequel cette surenchère est possible.

Lorsque la folle enchère est poursuivie contre un adjudicataire sur surenchère, aucune surenchère n'est plus possible. Ce droit est éteint et l'art. 710 *in fine* a cru devoir le déclarer expressément : « Lorsque une seconde adjudication aura eu lieu après la surenchère ci dessus, aucune autre surenchère des mêmes biens ne pourra être reçue. ». La garantie résultant d'une double vente aux enchères a été consommée ; dans ce cas, une troisième adjudication serait inutile et si on l'admettait, il n'y aurait plus de limites possibles à la procédure, car de surenchère à folle enchère et de folle enchère à surenchère, on pourrait aller indéfiniment.

Lorsque une première adjudication a eu lieu et que le délai de huitaine s'est écoulé sans la survenance d'aucune surenchère, le droit de surenchérir est définitivement éteint, l'immeuble est censé avoir atteint toute sa valeur dès la première vente aux enchères ; la garantie voulue par la loi n'en a pas moins existé, et si l'adjudicataire, dont le titre est dès lors définitif, s'expose à la revente sur folle enchère, cet événement ne peut ressusciter le droit éteint.

Qu'on ne dise pas que l'intérêt des créanciers et du débiteur exigent l'admission de la surenchère. L'immeuble est censé avoir acquis toute sa valeur dans la première adjudication, et la loi a pris des mesures pour que ce prix soit assuré aux intéressés. Ces mesures sont bien plus efficaces que ne le serait une nouvelle surenchère ; en effet, si l'immeuble est revendu à un prix inférieur, le premier adjudicataire reste tenu de la différence, et l'avoué est responsable, nous le verrons, de l'insolvabilité de celui pour qui il a enchéri. Les créanciers sont donc toujours sûrs d'obtenir la plus haute valeur de l'immeuble (1).

(1) Petit, page 176 et suiv.

CHAPITRE II

L'article 708 nous dit « Toute personne pourra.... ».

La règle est donc que toute personne peut former une surenchère du sixième ; la surenchère
du sixième diffère en cela de la surenchère du
dixième après aliénation volontaire qui n'est per-
mise qu'aux créanciers inscrits.

Mais cette règle comporte certaines exceptions :
certaines personnes sont frappées d'une incapacité
générale, d'autres d'une incapacité spéciale, enfin
toute une catégorie de personnes est écartée du
droit de surenchérir par l'article 711. c. de proc.

Voyons successivement ces incapacités.

§ I. — Incapacités générales

Toute personne qui forme une surenchère s'o-
blige éventuellement à demeurer adjudicataire, si
son enchère n'est pas couverte.

Donc toute personne qui est incapable de s'obliger ou qui ne peut s'obliger que sous certaines conditions est également incapable de surenchérir ou de le faire en dehors de ces mêmes conditions.

Dans cette classe d'incapables sont compris :

1° *La femme mariée.* — Elle ne peut surenchérir qu'avec l'autorisation spéciale de son mari ou de justice ; (1) de plus lorsqu'elle est mariée sous le régime dotal, elle ne peut jamais surenchérir, même avec l'autorisation précédente, elle ne peut jamais en effet engager ses immeubles, et nous verrons que le surenchérisseur doit être pleinement capable d'aliéner ses immeubles (2).

2° *Mineurs et Interdits.* — Ils ne peuvent surenchérir que par le ministère de leurs tuteurs dûment autorisés par le conseil de famille (3).

On a cependant prétendu que le tuteur n'avait pas besoin de l'autorisation du conseil de famille pour former une surenchère au nom de son pupille.

Les Cours d'appel qui ont admis cette jurisprudence se fondent sur ce motif que la surenchère n'est qu'un acte purement conservatoire, (Bordeaux 23 juin 1843 (4).

---

(1) Troplong. Hyp. et, t. 4, n° 952. Pelit. p. 34 et 337.
(2) Montpellier. 22 mai 1807. — Lyon, 27 août 1813. Dalloz, A. v°
Saisie immobilière. Ch. 11, sect. 2, p. 766.
(3) Grenier Hyp. t. 2 n° 59 ; Troplong. op. cit. n° 953 bis.
(4) Dalloz P. 44. 2. 25 et la note.

La Cour de cassation a avec raison selon moi repoussé cette interprétation (1).

En effet, si l'on peut soutenir à la rigueur, que la surenchère du dixième formée par un créancier inscrit, n'est qu'un acte conservatoire de ses droits hypothécaires, il n'en est pas de même de la surenchère du sixième.

Mais pourrait-on dire encore, le tuteur a le droit d'acquérir au nom du mineur, sans autorisation du conseil de famille ; il a le droit et même le devoir d'employer les économies réalisées sur les revenus du mineur, et cela sans l'intervention du conseil de famille. Or quel meilleur emploi pourrait-il faire de ces deniers que de les destiner à acquérir un immeuble adjugé à justice.

Je réponds que si en surenchérissant pour son pupille, le tuteur se bornait à acquérir au comptant un immeuble vendu en justice, si en un mot il n'engageait que les revenus du mineur dont il a la libre disposition, on pourrait le dispenser de de cette autorisation ; mais en réalité il n'en est point ainsi. Celui qui surenchérit, ne paie pas comptant, il est obligé pour le paiement du prix d'adjudication, de se conformer aux dispositions du cahier des charges ; il est de plus exposé, s'il ne remplit pas ces conditions, à voir revendre l'im-

(1) Cassat. 14 juin 1824. D, 24, 1, 233. Voyez aussi Req. 16 déc. 1840, D. P. 41. 1. 33.

meuble à sa folle enchère et dans ce cas à rester
tenu sur tous ses biens personnels de la différence
de prix entre les deux adjudications. L'étendue de
l'obligation contractée par le surenchérisseur est
donc bien plus étendue qu'elle ne le paraît au premier abord et comme d'autre part l'intérêt des
créanciers exige que cette obligation soit garantie
d'une manière efficace, je pense que le tuteur qui
veut surenchérir pour son pupille, doit avoir le
pouvoir d'engager tous les immeubles de ce mineur.

Le tuteur doit donc pour surenchérir être muni
non-seulement de l'autorisation du conseil de famille mais encore de l'homologation du tribunal.
Bien que rigoureuse cette dernière opinion doit
être admise selon moi dans l'intérêt supérieur de
l'expropriation.

3° *Mineur émancipé.* — C'est pour la même raison, que je crois le mineur émancipé incapable de
surenchérir sans l'autorisation du conseil de famille; il ne le pourrait pas avec la seule assistance
de son curateur.

4° *Individu pourvu d'un conseil judiciaire.* —
Il ne peut emprunter ni aliéner sans l'assistance
de son conseil, il en a donc besoin aussi pour surenchérir.

5° *Communes et établissements publics.* — Il

leur faut également l'autorisation administrative (1).

§ II. — Incapacités spéciales de l'art. 1596, code civil.

Ces incapacités sont édictées par l'art. 1596 du Code civil, qui par sa place au titre de la vente doit être considéré comme général et s'appliquant à l'adjudication qui n'est elle-même qu'une vente ; l'art. 711 au titre de la saisie immobilière en édictant d'autres incapacités n'a pas entendu supprimer celles du Code civil, qui sont de droit commun (2).

Les motifs de suspicion contre ces personnes sont d'ailleurs les mêmes : les tuteurs, les mandataires auraient un intérêt opposé à celui des personnes qu'ils représentent, s'ils pouvaient se porter adjudicataires des biens saisis, et c'est ce que la loi a voulu éviter (l'intérêt de l'adjudicataire est en effet directement opposé à celui du vendeur, du saisi).

L'art. 1596 d'autre part, en disant : « ne peuvent se rendre adjudicataires... » indique bien que ces

(1) Troplong, hyp. tome IV, n° 951.
(2) En ce sens, Troplong, Vente, tome I n° 187. — Carré sur Chauveau, n° 2395. — Lachaize, tome I, p. 456. — *Contra*, Persil fils, *Comm.* p. 227, n° 267 ; Bioche, v. vente d'immeubles n° 371 ; Thomine tome II, p. 258. Colmar, 16 avril 1808, Sirey, 1810, 2, 565.

incapacités s'appliquent non-seulement aux ventes purement volontaires, mais aussi aux ventes judiciaires (1).

Sont donc incapables de surenchérir et de se rendre adjudicataires : les tuteurs des biens de ceux dont ils ont la tutelle ; les mandataires des biens qu'ils sont chargés de vendre ; les administrateurs des biens des Communes ou des établissements publics confiés à leurs soins.

L'article 1596 ne parle pas des subrogés tuteurs, mais comme la capacité est la règle, il faut dire que les subrogés tuteurs pourront se porter surenchérisseurs à l'adjudication des biens du mineur, puisqu'aucun texte ne les en déclare incapables ; le mineur est d'ailleurs suffisamment représenté dans ce cas par son tuteur.

Les curateurs et les conseils judiciaires, ne sont pas non plus frappés par cette incapacité.

§ III. — Incapacités de l'Article 711 du Code de procédure

Cet article défend aux avoués de surenchérir pour toute une catégorie de personnes qu'elle frappe ainsi d'incapacité spéciale. Les motifs qui font écarter de l'adjudication ces personnes peu-

(1) Petit, p. 59.

vent être divers, nous les indiquerons successivement à propos de chacune de ces incapacités.

Voyons quels sont ces incapables.

1° *Membres du tribunal devant lequel se poursuit la vente.* — *Motif.* On craint que ces personnes usant de leur influence, n'écartent les
enchérisseurs afin d'acquérir l'immeuble à vil
prix.

Cette incapacité frappe sans conteste les juges,
Juges suppléants, Procureur de la République et
substituts. Mais cette incapacité n'atteint plus les
membres de la Cour d'appel comme sous l'empire
de l'ancien article 713 ; on a pensé qu'ils étaient
trop éloignés des juridictions inférieures pour que
leur influence fût à craindre.

Les juges suppléants sont frappés par cette
incapacité d'une façon absolue, alors même qu'ils
n'auraient pas siégé dans les jugements relatifs à
la saisie (1).

Le magistrat du tribunal devant lequel se poursuit la vente, qui serait lui même créancier inscrit
sur l'immeuble saisi, ne pourrait-il pas surenchérir et se porter adjudicataire ?

Je crois que dans ce cas le magistrat aurait ce
droit. Le motif de son incapacité n'existe plus
en effet.

(1) Persil. Rapport à la Chambre des Pairs — Rogron, p. 28.

Ce que la loi redoute, c'est que ce magistrat n'écarte les surenchérisseurs pour acquérir l'immeuble à vil prix, mais lorsqu'il est lui même créancier du saisi, le magistrat n'a qu'un intérêt comme tout créancier, c'est de faire atteindre à l'immeuble sa plus haute valeur afin d'être personnellement désintéressé ; on n'a donc plus à craindre de sa part une entrave à la liberté des enchères et en l'admettant à surenchérir, on acquiert une garantie de plus par la présence d'un nouvel amateur (1).

D'ailleurs le magistrat dans cette hypothèse s'abstiendra toujours de siéger.

Greffiers. Commis-Greffiers. — Ils sont également incapables.

Bien que M. Persil, dans sont rapport à la chambre des pairs ne les désigne pas expressément, ils sont compris néammoins parmi ces incapables, sous la dénomination générique de membres du tribunal. Cela résulte des observations faites au sein de la commission (2).

Il n'y a pas de raison pour étendre cette incapacité aux huissiers.

(1) Voyez dans ce sens discussion de l'art. 711 à la chambre des députés. Rapporteur. — Lachaise t, I. p. 485. — Troplong vᵉ vente t.1 nᵒ 190. — Montpellier 23 mai 1835 Sirey 1836 2.332.
Contra. MM. Paignon t, 1, p. 175 nᵒ 116. — Persil fils. Comm. p. 227 nᵒ 266. — Thomine Desmazures t, 2, p. 257. — Bioche vᵉ vente d'imm. nᵒ 367.
(2) Voyez travaux prép. de la loi de 1841. 1ᵉʳ rapport de Mᵉ Parent Carre et Chauveau. t. 5, p. 612

2· *Le saisi.* — A cette incapacitté il y a d'abord une raison de droit : Le saisi qui est vendeur ne peut être en même temps acquéreur.

De plus le saisi en surenchérissant ne peut avoir qu'un but, entraver les poursuites, car de deux choses l'une, ou il a des fonds suffisants pour rembourser tous les créanciers ou il n'en a pas.

Dans la première hypothèse, il n'a pas besoin de laisser vendre son immeuble.

Dans la seconde, il s'expose forcément soit a une folle enchère soit à de nouvelles poursuites de la part des créanciers non désintéressés.

Dans tous les cas, il en résulterait des frais et des lenteurs inutiles, ce qui est contraire à l'esprit de la loi de 1841.

Ses enfants. — Cette incapacité est d'ailleurs personnelle au saisi ; elle ne s'étendrait aux enfants du saisi qu'autant qu'il y aurait preuve ou présomptions graves, précises et concordantes, qu'ils sont personnes interposées. L'art. 911 C. Civ. qui les répute tels, est spécial aux donations et ne s'applique pas ici (1).

Sa femme. — La Cour d'Aix (arrêt ci-dessus) a jugé que la femme du saisi pouvait surenchérir.

Ses héritiers. — Les héritiers du saisi repré-

---

(1) Aix 23 février 1817. — Bordeaux 21 févr. 1829. Dalloz A. v· Surenchère p. 673 ns!c 1.

sentant le saisi lui-même, doivent être frappés de la même incapacité que lui.

Ceci est indiscutable pour les héritiers purs et simples. Quant à l'héritier bénéficiaire, la Cour de Limoges, dans un arrêt du 5 décembre 1833, Dalloz, 1838, 2, 209, a décidé qu'il pouvait surenchérir et se porter adjudicataire des biens saisis sur le *de cujus*. En sens inverse, un arrêt de la Cour de Pau du 2 août 1844, Dalloz, 46, 1, 134, refuse ce droit à l'héritier bénéficiaire, car, dit-il, l'héritier bénéficiaire peut ne pas être insolvable comme le saisi. — Sans doute, mais il pourrait être tenté d'écarter les surenchérisseurs et nuire ainsi à la succcession dans son intérêt personnel ; il peut d'ailleurs devenir d'un moment à l'autre héritier pur et simple (1).

Je crois donc avec M. Petit, que l'héritier bénéficiaire ne peut surenchérir. Chargé d'administrer et de liquider une succession, il ne peut se rendre adjudicataire des biens saisis ; l'adjudicataire aurait un intérêt directement opposé à celui de l'administrateur et c'est cette opposition, cette lutte d'intérêts, que la loi a voulu éviter aussi bien ici que dans l'article 1596, Code civil.

Tiers détenteur. — Quid lorsque la saisie est poursuivie contre un tiers détenteur ?

La question est très controversée.

(1) Petit, p. 17.

Les uns lui accordent le droit de surenchérir. Il n'est pas tenu personnellement de la dette et les motifs qui ont fait repousser la surenchère du saisi ne se rencontrent plus ici. (1)

D'autres lui refusent ce droit : Le tiers détenteur est partie saisie puisque les poursuites sont dirigées contre lui, or l'article 711 ne distingue pas entre le saisi débiteur personnel et le saisi tiers détenteur. (2)

Il est bien évident qu'on ne peut argumenter des termes de l'article 711. Il faut s'attacher ici aux motifs qui ont inspiré notre incapacité.

Le saisi est incapable parce qu'il ne peut avoir en surenchérissant qu'un seul but, entraver les poursuites, et cela impunément puisqu'il est insolvable.

En est-il de même du tiers détenteur ?

Ce tiers détenteur a commis sans doute une grande faute en payant son prix aux mains du débiteur, sans recourir aux formalités de la purge. Il est exposé par suite à perdre cette somme puisqu'il n'a de recours que contre un insolvable. Mais selon moi, il est déjà assez puni par cette triste éventualité et il ne faut pas lui refuser encore le droit de surenchérir lors de la vente aux enchè-

---

(1) Colmar, 21 janvier 1811, *Journal du Palais* 1812, tome I, p. 47. — Lachaize, tome I, p. 454, n° 369. — Dalloz, v. surenchère n° 298 ; — Pigeau, *com.*, tome 2, p. 332. — Thomines, tome II, p. 255 ; — Persil fils, *com.*, p. 230, n° 271.

(2) Bruxelles, 15 avril 1809. — Carré, n° 2408, § 5. — Chauveau sur Carré, n° 2395 *ter*; — Favard, tome V, p. 68 ; — Decamps, p. 68.

res et lui enlever ainsi le seul moyen de réparer son imprudence en conservant l'immeuble comme adjudicataire.

S'il n'avait d'autre but que d'entraver les poursuites, il serait certainement arrêté dans ces velléités, par la perspective de la folle enchère qui a précisément cet objet et qui inutile contre le saisi insolvable, suffit amplement contre le tiers détenteur qui n'est pas dans la même situation.

Donc inutile, cette incapacité serait de plus contraire à l'esprit de la loi, en écartant précisément des enchères celui qui a le plus d'intérêt à se porter adjudicataire.

Pour toutes ces raisons, il me semble que l'on doit admettre le tiers détenteur à surenchérir.

3° *Personnes notoirement insolvables.* — Motif : Leur permettre de surenchérir ce serait s'exposer aux lenteurs et aux frais d'une folle enchère. Que faut-il entendre par personne notoirement insolvable ?

On dit qu'une personne est notoirement insolvable, lorsque aux yeux de tous ceux qui la connaissent, elle est au dessous de ses affaires et par conséquent dans une situation précaire.

La notoriété ne peut d'ailleurs s'apprécier selon moi, qu'au lieu du domicile. C'est là en effet où l'individu habite le plus souvent, que l'on peut être renseigné sur son état et sa situation de fortune ; ce n'est que là où il est connu, qu'on peut recueillir l'opinion dominante relativement à sa solvabilité.

Cette question intéresse surtout les avoués puisque l'article 711 les déclare responsables lorsqu'ils ont surenchéri pour des personnes notoirement insolvables (1). C'est donc lorsque l'avoué surenchérisseur sera poursuivi en responsabilité que cette question de notoriété se posera devant les tribunaux, qui auront d'ailleurs pleine liberté pour apprécier si cette notoriété existe réellement et si l'avoué est en faute en ne l'ayant pas connue.

Mais est-ce bien là tout ce que veut la loi et son but serait-il rempli, si l'avoué n'était responsable que lorsqu'il a surenchéri pour une personne qui est ainsi dans une situation précaire ? Je ne le pense pas.

Ce que la loi désire avant tout, c'est écarter de l'adjudication les personnes qui ne pourraient pas acquitter les charges de cette adjudication et il n'est pas nécessaire d'être dans une situation précaire pour tomber sous le coup de cette exclusion.

Je crois donc que l'avoué est en faute aux yeux de la loi et par suite responsable, non seulement lorsqu'il a surenchéri pour une personne notoi-

(1) Bordeaux 29 avril 1853, D. 53, 2, 220. — Montpellier 18 déc. 1854, D. 56, 2, 160. — Rej. 14 janv. 1856. D. 56, 1, 82. Contra: Caen 1 févr. 1828. Dalloz, A. v° vente publique d'immeuble n° 1638 note 1.

rement insolvable au sens strict du mot, comme
un failli non réhabilité, un débiteur qui a fait
cession de biens, une femme mariée dont tous
les biens sont dotaux, (1) mais encore lorsque
son mandataire est notoirement dans l'impossibilité d'acquitter les charges de l'adjudication. C'est
lui qui est responsable de cette insolvabilité spéciale de son client, mais je dois ajouter que cette
responsabilité qui semble exagérée à première vue,
n'est pas aussi lourde qu'on veut bien le dire.

S'il n'est pas facile en effet, de prouver l'insolvabilité notoire d'un individu, il est très aisé au contraire de s'assurer qu'il est notoirement solvable ;
c'est donc à l'avoué à exiger de son client la preuve
de sa solvabilité et c'est, je crois ce qu'il fait
généralement en pratique.

L'avoué a donc selon moi, le droit, puisqu'il en
a le devoir, d'exiger que la personne qui le charge
de surenchérir pour elle, justifie de sa solvabilité
c'est-à- dire de la possibilité où elle se trouve d'acquitter les charges de l'adjudication ; il peut d'ailleurs accepter à cet égard toutes les garanties
propres à dégager sa propre responsabilité et, sans
lui reconnaître le droit qui ne doit appartenir qu'au
tribunal chargé de statuer sur la validité de la surenchère, d'exiger que son client dépose la somme

_____

(1) Lyon, 27 août 1813. Dalloz. A. V· Surenchère n· 319 note 3.

nécessaire à l'aquittement de toutes ces charges
(1), il me semble que l'engagement d'une caution
solvable ou la consignation d'une provision suffisante, sont de nature à mettre à couvert sa responsabilité (2).

Mais pourrait-on dire, en interprétant ainsi le
texte de l'art. 711, ce n'est pas seulement les personnes notoirement insolvables que l'on frappe
d'incapacité, ce sont toutes celles qui ne sont pas
notoirement solvables. Sans doute, mais à cela il
n'y a pas d'inconvénients et l'on ne fait que s'ins-
pirer davantage de l'esprit de la loi.

4° *Avoués*. — Les avoués ne sont pas exclus en
tant que membres du tribunal, mais l'article 711
les frappe d'incapacité dans certains cas.

Avoué du poursuivant. —L'art. 711, 2°, est formel : il ne peut surenchérir pour son propre
compte. Le motif de la loi est le même que celui
qui a inspiré l'art. 1596 Code civil : on ne veut pas
qu'il y ait lutte entre deux intérêts opposés ; l'avoué
mandataire de son client ne doit pas être tenté de
sacrifier les intérêts qui lui sont confiés, à son
propre intérêt (Cassation, 2 août 1821).

Bien que l'art. 711 ne parle que de l'avoué du
poursuivant, il faut en dire autant de l'avoué de

---

(1) Liége, 6 août 1838. Dalloz. A. Surenchère n· 316 note 1.
(2) Petit p. 24. Chauveau sur Carré n· 2396 ; — Caen, 9 juillet 1833.
Dalloz. A. ibid. n· 311, note 2.

l'adjudicataire ; lui permettre de surenchérir, ce serait l'autoriser à sacrifier l'intérêt de son client (1).

Personnes interposées. — Il est bien évident que les incapables dont nous venons de parler, ne peuvent faire indirectement au moyen de personnes interposées, ce que la loi lui interdit ; mais il n'y a pas en cette matière de présomption légale d'interposition, tout est laissé à l'appréciation des juges (2). L'article 911, Code civil, est spécial aux donations entre vifs et aux testaments et ne saurait s'appliquer ici (3).

Surenchère formée solidairement par plusieurs personnes. — Lorsque la surenchère a été formée au nom de plusieurs personnes, l'incapacité de l'une ne doit pas faire annuler la surenchère, qui demeurera pour le compte des personnes capables. L'indivisibilité de la surenchère (art. 1218, Code civil), comme l'intérêt des créanciers conduisent à ce résultat. Le législateur a voulu en créant ces incapacités, empêcher soit que l'on écarte les surenchériseurs, soit que les poursuites soient retardées par le mauvais vouloir ou l'insolvabilité de l'adjudicataire, mais c'est là surtout une mesure préventive. La nullité de la surenchère n'est au

---

(1) Pigeau. Comm., t. 2, p. 332 ; — Bioche, n° 255 ; — Petit. pag. 26 ; — Chaveau, n° 2386.

(2) Carré, n° 2395.

(3) Favard de Langlade, t. 5, p. 68, n° 4 ; — Lachaize, t. 1, p. 442 et s. ; — Paignon, t. 1, p. 174 ; — Thomine-Desmazures, t. 2, p. 256 ; — Persil fils. Comm. p. 22), n° 270.

contraire qu'une mesure extrême à laquelle on ne doit recourir que lorsque l'intérêt des créanciers l'exige absolument; or dans l'espèce, le droit des créanciers est suffisamment protégé puisqu'ils ont en face d'eux des personnes capables.

§ IV. — Sanction de ces incapacités.

1° *Nullité de la surenchère. — Incapacités générales.* — Ces incapacités sont établies dans le seul intérêt des incapables, eux seuls ont donc le droit de demander la nullité de la surenchère.

Les tiers et notamment l'adjudicataire surenchéri ne peuvent l'opposer ; c'est une nullité relative (1).

Incapacités spéciales. (*Art.* 1596). — Etablies dans l'intérêt des pupilles, des mandants...., eux seuls peuvent l'invoquer, c'est aussi une nullité relative (2).

Incapacités de l'Art. 711. C. de proc. — L'article 711 prononce comme sanction de ces incapacités la nullité de la surenchère.

Quel est le caractère de cette nullité ?

---

(1). Rouen, 6 janv. 1846, D. 46, 2, 201 ;
Contra, Troplong, Hyp., n° 955.
(2) Orléans, 11 févr. 1841. — Sirey, 41, 1 383 ; — Delvincourt, t. 3, p. 356: — Troplong, t. 1, n° 194 ; — Duvergier, t. 1, n° 194 ; — Duranton, t. 16, n° 139.

Est-ce une nullité d'ordre public, que peut invoquer tout intéressé ?

Est-ce au contraire une nullité relative comme les précédentes, qui ne peut être invoquée que par certaines personnes ?

La question est controversée :

Ceux qui soutiennent qu'il n'y a qu'une nullité relative, invoquent les travaux préparatoires de la loi de 1841, où le rapporteur de la commission a affirmé que cette nullité était toute d'intérêt privé et spécialement établie en faveur des poursuivants de la vente et des créanciers inscrits sur l'immeuble vendu (1).

On invoque ensuite l'article 715 Code de procéd. qui énumérant les nullités absolues qui peuvent au cours de la procédure de saisie, être invoquées par tous les intéressés, ne parle pas de l'art. 711.

On ne doit pas d'ailleurs, admettre facilement la nullité de la surenchère ; elle aurait en effet pour conséquence de fixer le prix de l'immeuble au montant de la première adjudication, ce qui priverait les créanciers du bénéfice de cette surenchère.

La Cour de Caen décidait en conséquence que l'adjudicataire n'avait pas le droit d'invoquer la nullité de la surenchère pour incapacité du surenchérisseur.

(1) Caen, 4 janv. 1848. D. 48. 2. 140.

M. Dalloz, au contraire (1), pense que cette nullité est fondée sur des motifs d'ordre public; qu'elle peut, dès lors, être invoquée par toutes les personnes intéressées et surtout par l'adjudicataire.

Pour moi, je pense avec la Cour de Caen qu'il n'y a là qu'une nullité relative. La surenchère a été établie en faveur du saisi et de ses créanciers et pas du tout dans celui de l'adjudicataire. L'intérêt de l'adjudicataire peut être dans l'espèce tout à fait opposé à celui des créanciers. En effet, l'adjudicataire est toujours intéressé à la nullité de la surenchère, tandis que les créanciers peuvent vouloir la faire maintenir, sauf à recourir à la folle enchère et à poursuivre les incapables en dommages-intérêts. Accorder à l'adjudicataire le droit de faire annuler la surenchère, ce serait sacrifier à son profit les droits des créanciers, et l'esprit de la loi tout entière est manifestement contraire à ce résultat. Je n'en veux pour preuve que ces explications du rapporteur lors de la discussion à la Chambre des députés : « Il est expliqué dans le rapport que c'est là une nullité relative. L'adjudication sera valable si les personnes intéressées à ce qu'elle existe, n'en demandent pas l'annulation, contre l'avoué qui aurait rapporté l'adjudication dans un des cas ici prévus... »

(1) Dalloz. *A. v° Surenchère*, n° 304.

L'adjudicataire n'est jamais intéressé à ce que l'adjudication sur surenchère existe, puisqu'elle le dépouille ; il ne peut donc demander son annulation.

2° *Dommages-intérêts*. — L'article 711 dit : « ... A peine de nullité et de dommages-intérêts. »

Personnes responsables. — Cet article ne parle que de l'avoué, car c'est par son ministère que la surenchère doit être formée. Comme sanction de la défense qui lui est faite de surenchérir pour un incapable, elle le déclare passible de dommages-intérêts envers toutes les parties.

L'article 711 n'avait pas à parler de la responsabilité de l'incapable lui-même ; les principes généraux du droit suffisaient à cet égard. Les articles 1384 et 1147 du Code civil permettent aux créanciers de recourir contre l'incapable pour le préjudice à eux causé.

Ces dommages-intérêts peuvent donc être poursuivis en totalité, soit contre l'avoué en vertu de l'article 711, soit contre l'incapable en vertu de l'article 1384 Code civil. Aussi a-t-on dit que l'adjudicataire incapable et l'avoué qui a surenchéri pour lui, sont tenus solidairement des dommages-intérêts (Art. 1200 C. Civ.). (1).

A ce point de vue leur situation est bien celle de

---

(1) Pigeau, t. 2, p. 141 ; — Chauveau sur Carré, n° 2396 *bis*; Rogron, p. 890.

deux co-débiteurs solidaires, mais je crois qu'il ne faut pas pousser plus loin cette idée de solidarité et que les dommages-intérêts ne se partageraient pas notamment entre eux (Art. 1213 C. Civ.). L'incapable seul doit les supporter en définitive, car c'est lui le principal coupable ; l'avoué qui, sur la poursuite des créanciers les aurait acquittés, pourrait les répéter contre son commettant.

Sans doute l'avoué n'est pas à l'abri de tout reproche, il a été imprudent, mais il est assez puni par les risques auxquels il peut être exposé, de n'avoir souvent de recours que contre un insolvable (1).

Lorsqu'une surenchère a été ainsi formée pour le compte d'un incapable, les intéressés peuvent ou bien la faire annuler ou bien poursuivre la revente à la folle enchère de l'incapable.

Quelque soit le parti auquel ils s'arrêtent, ils ne doivent pas souffrir du préjudice qui leur est causé et dans tous les cas, ils pourront poursuivre l'avoué en dommages intérêts. Il a été jugé en effet, que la réparation du préjudice ainsi causé, était indépendante du sort de l'adjudication elle-même (2).

---

(1) Dalloz. A. V· Vente publiq. d'Imm. n· 1653 *in fine.*
(2) Paris 7 juin 1853. Dalloz 53. 2, 219 ; et sur pourvoi Req. 17 janv. 1854, D. 54. 1. 101.
Bordeaux, 29 avril 1853, Dalloz 53, 2. 220 ; — Grenoble 12 juin 1839. D. 61, 5. 524 ;

L'avoué est responsable toutes les fois que l'adjudication est restée sans effet, par suite notamment de folle enchère (1).

Quotité des dommages-intérêts. — La Cour de Bordeaux dans son arrêt du 29 avril 1853 décidait qu'en cas de folle enchère, les dommages-intérêts se composaient : 1° de la différence entre le prix de l'adjudication et le prix de la revente sur folle enchère ; 2° d'une indemnité pour faux frais.

On peut conclure de là que dans le cas où la surenchère est annulée et le prix de l'immeuble définitivement fixé au montant de la première adjudication, les dommages-intérêts doivent comprendre : 1° La différence entre le prix de cette adjudication et le montant de la surenchère annulée ; 2° Une indemnité égale au montant des frais occasionnés par la demande en nullité.

1) Contra ; Chauveau. *Journal des Av.* t. 78, p. 517 et 547.

CHAPITRE III

Nous nous bornerons à indiquer rapidement ces formalités, sans nous attarder aux difficultés qu'elles peuvent soulever et que nous n'avons pas l'intention d'examiner dans le courant de cette étude.

Je transcris l'article 708. « Toute personne pourra, dans les huit jours qui suivront l'adjudication, faire par le ministère d'un avoué, une surenchère, pourvu qu'elle soit du sixième au moins du prix principal de la vente. »

Délai. — « ...dans les huit jours... »

L'ancien article 710 disait dans la huitaine.

« ...par le ministère d'un avoué... »

L'ancien article 710 disait : « ...par elle même ou par un fondé de pouvoir... »

Le rapporteur de la commission a expliqué à la chambre des pairs, les motifs de ce changement. Sous l'empire du code de procédure, le greffier qui recevait la surenchère pouvait bien s'assurer de l'identité du surenchérisseur, mais non de sa solvabilité. On a voulu en exigeant le ministère

d'un avoué et en lui imposant les risques de l'insolvabilité notoire, empêcher que le premier venu
put rompre une adjudication et dégager l'adjudicataire, des engagements qu'il se repentirait d'avoir
pris.

Montant. — « ...du sixième au moins du prix
principal de la vente. »

Suivant le code de procédure, la surenchère
devait être du quart du prix principal de la vente.

On a pensé que ce taux trop élevé, était de nature
à écarter les amateurs. Une fois le principe de la
surenchère admis, le législateur devait en favo-
riser l'application et c'est pour cette raison qu'il a
abaissé le taux au sixième.

L'article 708 ne parle que du sixième du prix
principal de la vente, sans tenir compte des charges et autres clauses et conditions imposées à
l'acquéreur, et auxquelles le surenchérisseur est
tenu en outre de se soumettre.

L'article 708 ne contient pas la sanction de ses
prescriptions et l'article 715 ne le mentionne pas
parmi les articles qui doivent être observés à peine
de nullité.

Néanmoins, il faut décider que ses dispositions
sont impératives et essentielles, et que la surenchère qui n'y serait point conforme, serait absolument nulle (1).

(1) Petit, page 82.

Article 709 : « La surenchère sera faite au greffe du tribunal qui a prononcé l'adjudication ; elle contiendra constitution d'avoué et ne pourra être rétractée ; elle devra être dénoncée par le surenchérisseur, dans les trois jours, aux avoués de l'adjudicataire, du poursuivant, et de la partie saisie si elle a constitué avoué, sans néanmoins qu'il soit nécessaire de faire cette dénonciation à la personne ou au domicile de la partie saisie qui n'aurait pas d'avoué. »

Formes. — La surenchère doit être formée au greffe du tribunal qui a prononcé l'adjudication. La personne qui veut surenchérir doit constituer avoué, lequel se présentera au greffe pour faire déclaration de surenchère ; la présence de la partie ou d'un fondé de pouvoir n'est plus nécessaire (1).

La surenchère une fois formée, doit profiter à tous les intéressés et ne peut être rétractée par la partie qui l'a formée ; il semble donc qu'une seconde surenchère soit tout à fait inutile.

Il y a néanmoins un cas où l'on peut avoir intérêt à former une seconde surenchère, c'est celui où la première viendrait à être annulée plus tard. Cet intérêt suffit pour que l'on admette la possibilité de former plusieurs surenchères (2).

(1) Petit. page 82.
(2) Chauveau sur Carré Quest. 2337 bis ; — Petit p. 110.

D'après le code de procédure, cet intérêt était
bien plus grand, puisque c'était le seul moyen de
de parer à la renonciation possible du surenchérisseur et de prendre part soi-même à la nouvelle
adjudication. (Anc. art. 712).

Dénonciation. — La déclaration de surenchère
faite et rédigée au greffe, doit être ensuite dénoncée par un simple acte d'avoué à avoué aux parties
intéressées.

Cette dénonciation doit être faite dans les trois
jours (d'après l'ancien code de procédure, ce délai était de 24 heures).

Ce délai de trois jours doit s'entendre de trois
jours pleins et entiers, et par conséquent le jour
de la surenchère n'y est pas compris ; mais ce délai court à partir du jour de la surenchère et non
pas seulement de l'expiration de la huitaine accordée par l'article 708 pour surenchérir (1).

La dénonciation doit être faite aux avoués : *de
l'adjudicataire* d'abord. —C'est lui en effet qui est
le premier intéressé à la connaître, puisqu'elle
remet en question l'adjudication prononcée à son
profit.

Du poursuivant. — Il y est également intéressé
puisqu'il est chargé de poursuivre la revente.

Bien que les créanciers inscrits aient aussi intérêt à connaître cette surenchère, l'article 709

---

(1) Caen, 12 janv. 1842. Dalloz. A. v·. Surenchère n· 350, note 2.

n'exige pas qu'elle leur soit dénoncée. On ne l'a pas voulu pour ne pas entraîner des frais trop considérables.

Du saisi. — La dénonciation n'est obligatoire que lorsqu'il a constitué avoué ; on ne veut pas que le saisi puisse ainsi volontairement entraver les poursuites.

C'est le surenchérisseur qui doit faire cette dénonciation.

Lui seul a ce droit pendant le délai de trois jours.

S'il laissait passer le délai à lui imparti, l'ancien code de procédure le déclarait déchu du bénéfice de la surenchère. Mais dans ce cas, comme le dit M. Persil dans son rapport à la chambre des pairs, on punissait en même temps le poursuivant, les créanciers et le saisi. Aussi le nouvel article 709 leur accorde-t-il le droit de faire eux-mêmes cette dénonciation.

Ce droit devait d'ailleurs leur être reconnu forcément sans quoi c'eut été permettre au surenchérisseur de rétracter indirectement la surenchère, ce que la loi lui interdit de faire directement.

Ils jouissent à cet effet d'un nouveau délai de trois jours qui commence à courir à l'expiration du premier.

Sanction du défaut de dénonciation. — Ce n'est qu'à défaut de dénonciation de la part de tous les intéressés que la surenchère serait nulle.

10

Cette nullité aurait lieu de plein droit dans ce cas ; on veut éviter ainsi un procès.

Le texte est formel : « faute de quoi la surenchère sera nulle de droit et sans qu'il soit besoin de faire prononcer la nullité. »

C'est donc au mépris de la loi que la cour de Montpellier (27 avril 1850. Dalloz. 50, 2, 140), a décidé que l'adjudicataire sur saisie immobilière, est sans qualité, pour proposer la nullité d'une surenchère tirée du défaut de dénonciation au saisi, alors que ce dernier déclare qu'il n'entend pas se prévaloir de cette nullité.

Formes de la dénonciation. — « La dénonciation sera faite par un simple acte, contenant avenir pour l'audience qui suivra l'expiration de la quinzaine sans autre procédure. »

« L'indication du jour de cette adjudication sera faite de la manière prescrite aux articles 696 et 699. »

La dénonciation se fait par simple acte c'est-à-dire par acte d'avoué à avoué.

Cet acte contient avenir à l'audience du tribunal ; cette audience doit être éloignée d'au moins une quinzaine.

Au jour de l'audience, le tribunal statue sur les difficultés relatives à la validité de la surenchère et fixe le jour de la nouvelle adjudication (1).

(1) Petit p. 117.

On discute beaucoup sur le point de savoir si le tribunal ne pourrait à cette même audience procéder à l'adjudication, ou s'il est tenu de la renvoyer à une nouvelle audience (1).

L'indication du jour de cette adjudication devra être faite conformément aux articles 696 et 699 code de procédure, par voie d'affiches et d'insertions dans les journaux. La revente aux enchères n'est que la continuation des poursuites intentées pour parvenir à la fixation du prix de l'immeuble, aussi M. Chauveau, Quest. 2392 *in fine*, décide-t-il que c'est l'avoué du poursuivant qui doit faire ces publications et affiches et poursuivre l'adjudication ; à partir de la dénonciation l'avoué du surenchérisseur n'a plus qu'un rôle passif.

Cette publicité était indispensable depuis la loi de 1841 qui admet toute personne à prendre part à cette nouvelle adjudication, autrefois restreinte entre l'adjudicataire et les surenchérisseurs.

De l'effet immédiat de la surenchère. — La surenchère, nous l'avons vu, est une offre faite par l'intermédiaire de la justice, aux personnes intéressées à ce que l'immeuble atteigne sa plus haute valeur, offre d'un prix supérieur à celui du premier adjudicataire ; depuis la loi de 1841, le législateur considère en outre le fait de surenchérir comme contenant de la part du surenchérisseur

(1) Ibid.

envers les mêmes personnes, l'engagement de poursuivre la revente aux enchères dè l'immeuble et de se porter enchérisseur pour le prix par lui offert.

Telle est bien la portée de l'obligation du surenchérisseur, envers le poursuivant, le saisi et les créanciers inscrits : nous avons vu que s'il n'exécute pas son obligation, ces personnes peuvent l'y contraindre en poursuivant à sa place l'adjudication mais toujours à ses risques et périls.

L'effet de la surenchère est donc d'entraîner une nouvelle adjudication aux enchères.

Cet effet est acquis dès que la surenchère est régulièrement formée au greffe, c'est-à-dire qu'à partir de ce moment, le surenchérisseur est engagé et ne peut plus se soustraire à son obligation ni directement en se rétractant, ni indirectement en s'abstenant de dénoncer la surenchère.

La surenchère ne peut donc manquer d'effet que dans trois cas : 1° lorsqu'elle est annulée pour incapacité du surenchérisseur (nullité relative) ; 2° lorsqu'elle manque d'une des conditions essentielles ou des formes imposées par la loi (708, 709) (nullité absolue qui peut être invoquée même par l'adjudicataire) ; 3° Enfin lorsque toutes les parties intéressées sont censées y avoir renoncé (défaut de dénonciation dans les délais. Nullité de plein droit (709 4°).

Adjudication sur surenchère. — Nous supposons que la surenchère a été déclarée valable par le
tribunal, que les formalités prescrites par l'article 709, 3° ont été observées. Nous arrivons ainsi
au jour fixé pour la nouvelle adjudication.

Article 710. « Au jour indiqué, il sera ouvert
de nouvelles enchères, auxquelles toute personne
pourra concourir ; s'il ne se présente pas d'enchérisseur, le surenchérisseur sera déclaré adjudicataire. »

Les formes de cette seconde adjudication sont
les mêmes que pour la première ; (art. 705, 707)
la mise à prix n'est autre que le montant de la
surenchère ou de la surenchère la plus élevée lorsqu'il y en a plusieurs.

L'immeuble est enfin adjugé à l'avoué dernier
enchérisseur ou si personne n'enchérit au surenchérisseur lui-même.

Nous supposons que toutes les formes prescrites
pour l'adjudication ont été observées, que l'article
711 n'a pas été non plus violé, enfin que l'adjudication est définitive, c'est-à-dire qu'elle a été prononcée par le tribunal ; le jugement d'adjudication
en effet, n'est pas sujet à appel (Art. 730) et ne
pourrait être attaqué que par voie d'action en nullité, (Cassation 1826).

L'adjudicataire a d'ailleurs acquitté les frais ordinaires de poursuite, et satisfait aux conditions

du cahier des charges dans les vingt jours de l'adjudication (Art. 713) ; il a consigné son prix, il est en un mot à l'abri de la folle enchère.

Il n'a plus qu'à réclamer au greffier la délivrance du jugement d'adjudication.

Jugement d'adjudication. — Ce jugement servira de titre de propriété à l'adjudicataire.

Comme tout acte de vente, il prouvera l'accord intervenu entre le vendeur et l'acquéreur sur la chose vendue et sur le prix d'acquisition.

Article 712. « Le jugement d'adjudication ne sera autre que la copie du cahier des charges rédigé ainsi qu'il est dit en l'article 690 ; il sera revêtu de l'intitulé des jugements et du mandement qui les termine avec injonction à la partie saisie, de délaisser la possession, aussitôt après la signification du jugement, sous peine d'y être contrainte même par corps. »

Article 716 : « Le jugement d'adjudication ne sera signifié qu'à la personne ou au domicile de la partie saisie. Mention sommaire du jugement d'adjudication sera faite en marge de la transcription de la saisie à la diligence de l'adjudicataire. »

Depuis la loi du 23 mars 1855 sur la transcription, (Art. 1.4°) tout jugement d'adjudication doit être transcrit pour que la transmission de propriété puisse être opposée aux tiers.

La simple mention du jugement en marge de la

transcription de la saisie ne produirait donc pas ce dernier résultat; cette mention introduite dans le code de procédure par la loi de 1841, avait pour but de faire connaître aux intéressés, les résultats des poursuites qui leur avaient été signalées par la transcription de la saisie.

Mais déjà à cette époque le rapporteur à la chambre des Pairs regrettait qu'on ne poussât pas plus loin la publicité: « Mais l'on se demande, dit-il, pourquoi la loi s'est arrêtée là et par quelle raison elle n'a pas complété la mesure, en exigeant la même publicité pour le jugement d'adjudication. » (1).

Ce désir a été exaucé par la loi de 1855.

L'adjudicataire a obtenu la délivrance du jugement d'adjudication; il l'a signifié au saisi ; il l'a fait transcrire sur les registres du conservateur. La procédure de surenchère et de saisie immobilière est close définitivement. Le prix de l'immeuble est ainsi définitivement fixé et sera partagé entre les créanciers suivant une autre procédure qu'on appelle l'Ordre.

Il nous reste à examiner dans une deuxième partie quelle est la nature du titre de l'adjudicataire et en quel état la propriété de l'immeuble lui est transmise.

(1) Rapport de Persil, chambre des Pairs, sous l'article 716.

DEUXIÈME PARTIE

DES EFFETS DU JUGEMENT D'ADJUDICATION SUR SURENCHÈRE DU SIXIÈME

CHAPITRE PREMIER

NATURE DU TITRE CONFÉRÉ A L'ADJUDICATAIRE

Observation. — Nous allons raisonner dans l'hypothèse d'une adjudication sur saisie ; les effets du jugement d'adjudication sont à peu près les mêmes dans toutes les ventes judiciaires qui admettent la surenchère du sixième et nous indiquerons dans le courant de cette seconde partie, les différences qui peuvent exister entre elles, à ce sujet.

Nous supposons qu'une première adjudication a été prononcée ; dans la huitaine survient une surenchère, suivie d'une nouvelle adjudication. Pour déterminer les effet, de cette adjudication sur surenchère, il nous faut d'abord examiner la nature de la première adjudication et quelle est la situation de l'adjudicataire surenchéri relativement à l'immeuble qui lui avait été adjugé.

Sur la nature de cette première adjudication, on est généralement d'accord, pour reconnaître qu'elle ne transfert à l'adjudicataire qu'une propriété conditionnelle.

Cette condition d'ailleurs, d'après la doctrine générale, corroborée par la jurisprudence est résolutoire et non suspensive (1).

Le principal intérêt de cette question se présente au point de vue des risques : Si l'on y voit une condition suspensive, c'est le saisi, et par suite ses créanciers, qui supporteront définitivement la perte de la chose survenue après la première adjudication ; si au contraire on admet la condition résolutoire, c'est l'adjudicataire qui souffrira de la perte de l'immeuble, en ce sens qu'il devra néanmoins payer le prix d'adjudication.

Jusqu'ici, l'on est à peu près d'accord, mais là où commencent les divergences d'opinion, c'est lorsqu'il s'agit de déterminer l'événement qui réalise cette condition.

Quel est l'événement qui résout le droit de l'adjudicataire surenchéri ?

Les uns veulent que l'adjudication première soit résolue par le seul fait de la formation d'une surenchère.

(1) Cassation, 23 février 1820 ; Pigeau, t. 2, p. 237. Garsonnet, traité de procédure, t. IV, § 721.

Les autres n'attribuent cet effet qu'à la seconde adjudication.

Entre ces deux opinions il faut tout d'abord choisir car bien différentes sont les conséquences qu'elles entraînent.

Le premier système est adopté par la Cour de cassation (1).

Le voici :

Lorsqu'une surenchère a été formée, le premier adjudicataire voit immédiatement son droit résolu.

« De ce que l'article 709 décide que la surenchère ne peut être rétractée, dit la cour, et de ce que l'article 710 déclare, que si au jour indiqué pour la revente des immeubles saisis il ne se présente pas d'enchérisseur, le surenchérisseur sera déclaré adjudicataire, il résulte que le droit de l'adjudicataire essentiellement résoluble, disparaît devant la surenchère, pour faire place à celui du surenchérisseur qui lui est désormais substitué. »

Tout en admettant le système de la Cour de cassation, on ne saurait approuver un arrêt de la Cour de Pau du 2 août 1844 (2), qui décide que le droit de l'adjudicataire surenchéri, est résolu par le seul fait de la surenchère, quel que soit d'ailleurs

(1) Cassat. civ., 7 déc. 1868. D. 69, 1. 31
(2) Sirey, 45. 2, 476.

le sort de cette surenchère et de l'adjudication qui
la suit ; et l'on est bien obligé de reconnaître, que
la première adjudication n'est résolue qu'autant
que la seconde est elle-même valable. Mais on ne
peut être fixé sur la validité de la surenchère que
lorsque la procédure est terminée par l'adjudication ; il semble donc que le premier système ne
diffère pas du second, puisque tous les deux
n'attachent la résolution qu'à une surenchère
valable et que cette résolution ne peut être certaine que du jour de la seconde adjudication.

Mais en réalité, il n'en est rien et nous allons
voir qu'en supposant la surenchère validée et suivie d'une seconde adjudication, il y a un grand
intérêt à dire avec la Cour de cassation, que la première adjudication a été résolue rétroactivement
du jour où s'est produite la surenchère, ou au
contraire à ne faire dater cette résolution que du
jour de la seconde adjudication.

Cet intérêt nous est révélé par les conséquences
mêmes que la Cour de cassation tirait de son interprétation :

1° L'adjudicataire surenchéri perd tous ses
droits à la propriété de l'immeuble, du jour même
de la surenchère ; donc de ce jour également, les
risques de l'immeuble cessent d'être à sa charge,
et si nous supposons que l'immeuble périt après la
formation de la surenchère, c'est le saisi et ses

créanciers qui supporteront cette perte, puisque
la première adjudication ayant été résolue à cette
même époque, l'adjudicataire surenchéri n'est
plus tenu au paiement du prix;

2° Le saisi étant redevenu propriétaire, celui à
qui il aurait aliéné l'immeuble, pourrait conserver ses droits en remplissant les conditions de
l'article 687, Code de proc.

C'est précisément en raison de cette dernière
conséquence qui fait supporter au saisi la perte
de l'immeuble survenue après la surenchère, que
je ne puis admettre le système de la Cour de cassation : ce serait en effet remettre en question les
résultats de la saisie, et enlever aux créanciers le
bénéfice d'un droit acquis. Cette conséquence, la
loi n'a pu la vouloir.

D'ailleurs la combinaison des articles 709 et 710
n'entraîne pas forcément la dépossession du premier adjudicataire; celui-ci peut encore conserver l'immeuble dans deux cas : 1° Lorsque la surenchère est annulée; 2° Lorsqu'il reste lui-même
dernier enchérisseur.

Je crois donc qu'il est préférable d'adopter le
second système.

C'est l'adjudication sur surenchère seulement qui
opère la résolution du droit du surenchéri. Jus-
que-là le droit du premier adjudicataire n'est que
menacé (1).

_____

(1) Req. 24 avril 1855. D. 55, 1. 202.

Ce second système est enseigné par la plupart des auteurs (1).

De là, je conclus que les risques de l'immeuble sont pour le premier adjudicataire jusqu'à l'adjudication sur surenchère, parce que si l'immeuble périt avant cette époque, il ne ne peut plus être adjugé et que la condition résolutoire du droit du surenchéri se trouve ainsi défaillie.

Quant à la perte partielle, elle n'empêcherait pas cette même condition de se réaliser; la perte partielle ne serait donc pas pour le premier adjudicataire. Nous verrons plus loin qui devrait la supporter.

Le premier adjudicataire n'a donc qu'un titre résoluble et c'est l'adjudication sur surenchère qui réalise la condition résolutoire.

Mais l'adjudication sur surenchère peut avoir été prononcée soit au profit du premier adjudicataire, soit au profit de toute autre personne.

Dans la première hypothèse la condition résolutoire se trouve défaillie, dans la seconde, au contraire, elle est réalisée.

Nous allons étudier successivement ces deux hypothèses. Commençons par la seconde.

(1) Grenier, hyp. n° 488 ; Persil. Req. hyp. n° 41 ; Pigeau, p. 270; Bioche, n° 420 ; Cassat, 15 janv. 1873. D. 73, 1. 249.

§ I. L'immeuble est adjugé sur surenchère à un autre qu'au surenchéri.

Nous avons admis que l'adjudication sur surenchère résout le titre du premier adjudicataire. Voyons les conséquences de cette résolution :

Les effets de la condition résolutoire sont d'anéantir rétroactivement les droits qu'elle affectait. Ces droits sont censés n'avoir jamais existé. Le premier adjudicataire, après l'adjudication sur surenchère, est donc censé n'avoir jamais été propriétaire de l'immeuble ; il n'est plus tenu de payer son prix, il peut le répéter s'il l'a déjà payé, et dans tous les cas on lui doit le remboursement des frais qu'il a acquittés ; les droits réels par lui constitués tomberont en vertu de l'article 2125 code civil ; ceux qu'il avait lui même sur l'immeuble et que l'adjudication avait éteints par consolidation, renaîtront et ce n'est pas lui, mais le saisi, qui touchera, s'il y a lieu, l'excédent du prix d'adjudication sur le montant des créances inscrites (1).

L'adjudicataire d'ailleurs, n'aura droit de ce chef à aucune indemnité, car ce résultat n'est pas imprévu (2).

(1) Garsonnet op. cit. § 721.
(2) Aix, 30 janv. 1835. D. 35. 2. 43.

Mais si l'adjudication sur surenchère enlève rétroactivement la propriété au premier adjudicataire, qui doit-on considérer comme retroactive-
ment investi de cette propriété? Le saisi ou l'adjudicataire sur surenchère ?

Les deux systèmes peuvent être soutenus :

Voici les principaux intérêts que présente cette
question :

1° Quant aux fruits produits par l'immeuble
entre les deux adjudications.

2° Quant aux dépenses faites par l'adjudicataire,
pour la conservation de l'immeuble, jusqu'à la
deuxième adjudication.

3° Quant à la nécessité du renouvellement décennal des inscriptions hypothécaires.

4° Quant au droit pour le tiers qui a acquis
l'immeuble du saisi après la saisie, de conserver
ses droits en se conformant à l'article 687 code
de procéd.

5° Quant au droit pour le saisi d'hypothéquer
après la première adjudication, et pour les tiers
celui de faire inscrire les hypothèques constituées
avant la première adjudication ou transcrire les
aliénations consenties avant la transcription de la
saisie.

Premier système. — Le saisi est devenu rétroactivement propriétaire dans l'intervalle des deux
adjudications.

Ce système est celui de la Cour de cassation.
La condition résolutoire, dit-on, remet les choses
dans l'état ou elles se trouvaient au moment de la
première adjudication ; le saisi redevient donc propriétaire avec les mêmes droits qu'il avait à cette
époque, il est censé n'avoir jamais perdu la pro-
.priété.

L'adjudication sur surenchère ne peut être au
surplus que translative d'un droit nouveau au
profit du surenchérisseur et ce droit nouveau ne
peut dater pour lui que du jour de cette adjudication ; c'est donc seulement de ce jour que le saisi
est exproprié.

D'ailleurs la surenchère est une promesse unilatérale d'acheter ; on invoque la non rétroactivité
de la condition dans ces promesses.

Celui qui a promis ainsi d'acheter, est débiteur
conditionnel du prix : la condition suspensive de
son obligation est le fait pour lui de rester dernier
enchérisseur lors de la revente aux enchères.

« Voilà tout l'effet de cette promesse ; elle n'a
pas d'effet par rapport à la chose qui sera l'objet
de la vente, si jamais la vente se parfait. Le futur
vendeur n'est pas débiteur conditionnel de la chose
car il ne s'est engagé à rien ; on ne peut donc
pas considérer celui qui a promis d'acheter comme
un propriétaire sous condition, et quand la vente
sera devenue parfaite par l'adhésion du vendeur

11

elle n'aura pas, quant à la propriété de la chose
d'effet rétroactif » (1).

Ce système a été admis par la Cour de Bordeaux
(24 avril 1845, D. 46, 2, 50); la Cour de Besançon
(13 juin 1848, D. 51, 2, 42).

Il peut se résumer ainsi : le saisi n'est dépossédé
judiciairement que par l'adjudication sur surenchère et au regard des tiers par la transcription
du jugement.

Cette opinion, nous l'avons dit, est également
celle de la Cour suprême (2), « Attendu que cette
substitution et les..... ne peuvent affecter en quoi
que ce soit, les droits du débiteur saisi, puisque
depuis l'adjudication, tout s'est accompli sans sa
participation et en dehors de sa volonté, et qu'ainsi
il y a toute justice à reconnaître, qu'après la surenchère et jusqu'à l'adjudication définitive, ses droits,
particulièrement en tant que propriétaire non encore judiciairement dépossédé, restent exactement
les mêmes que ceux dont il était investi avant la
première adjudication. »

2e *Système*. — C'est l'adjudicataire sur surenchère qui est rétroactivement investi de la propriété dans l'intervalle des deux adjudications.

Ce système a été consacré par un arrêt de la
Cour de Montpellier du 10 décembre 1864 (3).

(1) Demante. Cours analy. de cod. civ. t. VII, nᵒ 10 bis VII.
(2) Arrêts du 7 déc. 1833 et 15 janv. 1873, précités D. 69, 1, 31.
(3) Dalloz, 65, 2, 216.

La Cour commence par poser en principe que le
saisi a été irrévocablement exproprié par la première adjudication. « La surenchère peut avoir
pour effet de dépouiller l'adjudicataire, soit au
profit d'un surenchérisseur, soit au profit d'un
adjudicataire nouveau, mais elle ne peut avoir pour
effet, de réintégrer le saisi dans la propriété des
biens dont il a été irrévocablement dépouillé par
l'adjudication. »

En conséquence la propriété résolue aux mains
de l'adjudicataire surenchéri ne peut être attri-
buée qu'à l'adjudicataire sur surenchère.

Pour justifier cette attribution, on invoque une
fiction de mandat ou de subrogation : le premier
adjudicataire serait le mandataire tacite du second,
ayant pris en quelque sorte l'engagement de payer
le montant de la surenchère, ou de conserver l'immeuble pour le rendre au surenchérisseur ; l'adjudicataire sur surenchère serait ainsi substitué
aux droits du surenchéri, du jour de la première
adjudication.

Les partisans de la première opinion répondent
que ce mandat n'existe nulle part dans la loi, ni
dans l'intention des parties ; que le premier adjudicataire a entendu faire son affaire et non celle
du surenchérisseur inconnu ; qu'il n'a pu d'ailleurs le subroger à ses droits, à une époque où ces
droits étaient résolus, donc inexistants (1).

(1) Garsonnet, op. cit. t. IV, p. 318 et note 18.

M. Garsonnet, tout en reconnaissant le bien
fondé de ces objections, n'en admet pas moins ce
second système, mais pour d'autres motifs, tirés
de l'esprit même et du but de la loi : « La loi dit-il
en organisant la surenchère, dans le but de donner
aux créanciers une chance de plus de voir porter
l'immeuble à son plus haut prix, n'a pu vouloir
que cette situation créée en leur faveur, put avoir
pour eux des conséquences fâcheuses : on ne peut
concevoir que le saisi et ses ayants cause puissent
ainsi rentrer, à leur détriment, dans les droits
que la première adjudication leur avait enlevés,
ni même que la position respective des parties,
telle qu'elle était à ce moment puisse être modifiée
par la surenchère.

Je ne puis admettre aucun de ces deux systèmes
d'une façon absolue.

J'admets volontiers avec la jurisprudence de la
Cour de cassation que c'est le saisi qui est rétroactivement investi de la propriété dans l'intervalle
des deux adjudications ; mais je prétends que le
saisi ne recouvre cette propriété que dans l'état
où elle était entre ses mains, lors de la première
adjudication et je ne vais pas jusqu'à lui restituer
des droits qu'il avait déjà perdus à cette époque.

C'est le moment d'indiquer ici les conséquences
admises par ceux qui voient dans la condition qui
frappe le titre du premier adjudicataire, une con-

dition suspensive. Ces conséquences me semblent préférables à celles des deux autres opinions, j'indiquerai dans la suite les motifs de cette préférence.

3e Système. — Condition suspensive.

Voici comment l'on doit comprendre dans ce système, le droit du premier adjudicataire et les conséquences de la surenchère relativement à ce droit.

Le premier adjudicataire acquiert la propriété de l'immeuble adjugé, sous cette condition, que l'adjudication ne sera pas frappée de surenchère et l'immeuble adjugé en conséquence, à un autre enchérisseur plus offrant.

C'est là une condition suspensive et négative. Conséquences :

Risques. — Bien que l'adjudicaire ne soit propriétaire que sous condition suspensive, les risques sont néanmoins pour lui, car si la chose vient à périr, la condition suspensive de son titre se trouve de ce fait immédiatement réalisée (l'immeuble ne pourra plus être adjugé), son titre devient définitif.

J'admets toujours, contrairement à la cour de cassation, que c'est seulement l'adjudication sur surenchère qui est l'événement dont l'arrivée incertaine constitue la condition.

Si donc nous supposons l'adjudication sur surenchère prononcée au profit de toute personne autre que le surenchéri, voici les conséquences immédiates qui en découlent :

La condition suspensive du droit du premier adjudicataire est défaillie ; celui-ci n'a jamais eu aucun droit sur l'immeuble ; le saisi n'en a jamais perdu la propriété ; enfin cette propriété n'est enlevée au saisi et transférée à l'adjudicataire sur surenchère que du jour de la seconde adjudication.

De là je conclus :

1° *Fruits produits par l'immeuble entre les deux adjudications.* — Les fruits produits par l'immeuble entre les deux adjudications, appartiennent au saisi ou plus justement à ses créanciers ; l'adjudicataire surenchéri ne peut y prétendre à aucun titre, l'adjudicataire sur surenchère non plus puisque son titre ne date que du jour de la seconde adjudication.

Ce troisième système a donc le mérite d'entraîner relativement aux fruits, une conséquence conforme à l'esprit de la loi en même temps qu'aux principes juridiques.

Les deux autres systèmes ne sont pas si logiques.

Parmi les partisans de la condition résolutoire, ceux qui soutiennent que l'adjudicataire sur surenchère est substitué aux droits de l'adjudicataire surenchéri, du jour de la première adjudication, attribuent ces fruits au subrogé. Dans cette opinion en effet, c'est la première adjudication qui a dépossédé définitivement le saisi et je ne vois pas comment les créanciers pourraient les réclamer en invoquant l'immobilisation des fruits pour une époque où leur débiteur n'y a plus aucun droit (1).

Ceux qui attribuent rétroactivement la propriété de l'immeuble au saisi, sont encore plus embarrassés.

Les uns prétendent qu'en vertu de l'effet général des conditions résolutoires, (Art. 1183) tout doit être remis au même état que si l'adjudication n'avait pas eu lieu ; qu'en conséquence le surenchéri doit restituer les fruits qu'il a perçus, de même qu'il a le droit de répéter les intérêts de son prix s'il l'a déjà payé. — Le saisi est rétroactivement propriétaire, c'est à lui que doivent appartenir ces fruits (Art. 547, C. Civ.), tel est le droit commun. Les articles 856, 928, 958, 1652, 1682, C. Civ., qui disposent que le possesseur légitime dont la propriété est résolue, ne doit restituer les fruits que du jour de la résolution, sont des exceptions au principe général (2).

Les autres pensent au contraire que la rétroactivité de la condition ne doit pas s'appliquer dans

(1) Contra. Garsonnet, op. cit. p. 316, note 7.
(2) Lyon, 27 déc. 1858. — Agen, 21 jav. 1852 (Sirey, 52, 2, 618). — Seine, 25 nov. 1879 (Le droit, 12 déc. 1879).

le domaine des faits, que la résolution n'empêche
pas le surenchéri d'avoir possédé légitimement,
d'avoir perçu les fruits à titre de propriétaire ;

Que l'art. 547 Code civil en disposant que les
fruits appartiennent au propriétaire, entend parler de celui qui est investi légalement de la propriété au moment de la perception, sans distinguer si cette propriété est ferme ou résoluble ;

Qu'enfin le vrai principe admis par les rédacteurs du Code, doit être recherché précisément
dans les articles 856, 928... qui loin d'être des exceptions ne sont que l'application de la règle générale ;

Qu'en conséquence lorsqu'il s'agit d'un contrat à
titre onéreux, soumis à une condition résolutoire,
les fruits ne doivent être restitués que du jour
de la résolution, sauf à les compenser avec les intérêts du prix. A cela dit-on, il y a une nécessité
pratique qui est surtout évidente lorsque la résolution n'a lieu que longtemps après l'exécution du
contrat et peut porter sur une longue possession.

J'admets bien quant à moi, cette dernière opinion
en principe, mais nous allons voir que ceux qui la
soutiennent trouvent que les conséquences qu'elle
entraîne ne sont guère justifiées dans notre hypothèse.

« N'était le principe dominant, dit M. Petiet,
d'après lequel la condition résolutoire opère dans

le domaine du droit, mais ne s'attaque pas à ce qui est fait accompli, j'admettrais volontiers que le premier adjudicataire n'a pas un droit bien fort à ces fruits récoltés dans la huitaine de l'adjudication ou pendant le délai légal entre la surenchère et la revente » (1).

Tout le monde reconnaît donc que les fruits doivent appartenir aux créanciers du saisi jusqu'à l'adjudication sur surenchère. Mais ce résultat qui s'explique juridiquement dans le système de la condition suspensive, ne peut être obtenu par ses adversaires qu'au moyen d'insertions expresses dans le cahier des charges : « L'adjudicataire ne pourra entrer en possession qu'après le moment où l'incertitude de son droit aura cessé, bref après que l'adjudication sera devenue définitive. »

N'est-ce pas reconnaître implicitement que le point de départ est faux, puis qu'avec un principe vrai on aboutit à des conséquences que personne n'admet, et qu'au lieu d'une condition résolutoire on doit voir dans notre espèce une condition suspensive, qui entraîne tout naturellement les conséquences consacrées par la pratique.

2° *Dépenses faites pour conserver l'immeuble pendant le même intervalle entre les deux adjudications*. — Pour la même raison le saisi n'ayant jamais cessé d'être propriétaire avant l'adjudica-

(1) Petit, *op. cit.*, n° 202,

tion sur surenchère, doit indemniser le mandataire, quel qu'il soit, qui a fait des dépenses en gé-
rant l'immeuble avant cette adjudication.

Cette décision est admise par ceux qui soutiennent la doctrine de la Cour de cassation (1).

Les partisans de la substitution du second adjudicataire au premier, mettent les dépenses à la
charge de l'adjudicataire sur surenchère.

Mais ici encore le système de la condition suspensive a l'avantage d'être logique et juridique.

Les dépenses de conservation, en droit sont une
charge de la possession, comme l'acquisition des
fruits en est un avantage. Logiquement donc ces
dépenses doivent être supportées par celui qui ga-
gne les fruits, ici par le saisi et ses créanciers.

Les deux autres systèmes n'ont pas ce mérite.

Le premier qui admet qu'à défaut de stipulations
expresses du cahier des charges, les fruits appartiennent à l'adjudicataire surenchéri, devrait décider que les dépenses lui incombent également
à défaut des mêmes stipulations. Et, cependant on
reconnaît qu'indépendamment de ces stipulations,
c'est le saisi qui doit les supporter.

Les partisans de la substitution ne sont pas plus
logiques. Ils imposent les dépenses au second adjudicataire, et cependant ils admettent que les

(1) Cassat. 15 janv. 1873, D. 63, 1, 249.

créanciers du saisi peuvent réclamer les fruits en vertu de l'immobilisation produite par la saisie.

3° *Du moment où les inscriptions hypothécaires cessent d'être soumises au renouvellement décennal.* — En s'attachant seulement à l'opinion dominante, qui admet que les inscriptions hypothécaires ont produit tout leur effet légal à partir de la première adjudication et ne sont plus soumises dès lors au renouvellement, il faut décider que la survenance d'une surenchère n'a pas pour effet de leur faire perdre le bénéfice de cette situation.

En effet, je considère la première adjudication comme marquant une phase bien distincte de la procédure et produisant certains effets qui ne peuvent être effacés par les événements postérieurs.

Au nombre de ces effets définitifs se trouve précisément celui-ci : Le renouvellement décennal ne s'impose plus aux inscriptions hypothécaires.

4° *Droit d'aliénation du saisi et bénéfice de l'article 687, Code de procéd.* — C'est sur cette question que se séparent nettement les partisans de la condition résolutoire.

La Cour de cassation décide que le saisi a recouvré entre les deux adjudications, le bénéfice de l'article 687.

Ceux qui admettent la substitution du second adjudicataire au premier ou font remonter son titre au jour de la première adjudication, lui refusent le même bénéfice.

Mais ceux-là même, qui admettent le principe de la Cour de cassation, en repoussent cette conséquence et sont obligés de reconnaître que l'article 687 ne peut plus s'appliquer. « Car dans l'intervalle entre les deux adjudications, le tiers ne pourrait se prévaloir de la résolution qui dans notre opinion n'est pas encore arrivée ; et la faculté de l'article 687 est d'ailleurs perdue aussitôt après l'adjudication sur surenchère » (1).

Quant à moi, je refuse également au saisi le bénéfice de l'article 687 en me fondant uniquement sur les termes de cet article : « Si avant le jour fixé pour l'adjudication... ». Il s'agit évidemment de la première adjudication et le droit est perdu définitivement dès ce jour-là, quel que soit d'ailleurs le sort de l'adjudication elle-même. En effet le jour de la première adjudication marque un temps dans la procédure; il arrête certains droits comme celui dont dont nous nous occupons et il fixe le point du point de départ de la dernière phase de la saisie, celle des enchères. De ce jour peut-on dire, les enchères sont ouvertes, qui ne sont véritablement closes qu'à l'expiration du délai de huitaine accordé

(1) Petiet, loc. cit.

pour surenchérir, car la surenchère n'est que la
continuation des enchères.

5º *Droit pour le saisi d'hypothéquer l'immeuble.* — Le saisi conserve la faculté d'hypothèquer
l'immeuble, tant qu'il n'a pas cessé vis-à-vis des
tiers d'être propriétaire de cet immeuble. Or depuis la loi du 23 mars 1855, c'est seulement la
transcription du jugement d'adjudication qui le
dépossède vis-à-vis des tiers et achève ainsi de lui
enlever avec la propriété elle-même, ce droit qui
en est un des principaux attributs et qui lui avait
été laissé, même après la transcription de la
saisie.

6º *Droit d'inscrire ou de transcrire les titres valablement acquis du chef du saisi.* — Ce droit est
définitivement perdu après la transcription du
jugement d'adjudication.

Pour les partisans de la condition résolutoire,
le premier adjudicataire peut faire transcrire immédiatement son titre.

Ceux qui admettent la substitution du second
adjudicutaire au premier, maintiendront à son
profit les effets produits par cette transcription,
grâce à une simple mention, en marge de cette
transcription, du second jugement d'adjudication.

Ceux au contraire qui admettent que c'est le
saisi qui recouvre rétroactivement la propriété,
n'attribueront ces mêmes effets qu'à la transcrip-

tion du jugement d'adjudication sur surenchère.

D'ailleurs tout le monde est d'accord, sinon en droit du moins en fait, pour reconnaître aux ayants cause du saisi le droit d'inscription ou de transcription de leurs droits, jusqu'à la transcription du second jugement. En effet, en pratique, jamais on ne fait transcrire le premier jugement.

Pour les partisans de la condition suspensive, le même résultat est tout naturel. Par le fait d'une seconde adjudication, le droit du premier adjudicataire n'a jamais eu d'existence ; la transcription qu'il aurait pu faire de son titre demeure sans objet et le second adjudicataire doit faire transcrire le sien pour arrêter le cours des inscriptions et transcriptions.

Nous avons indiqué ainsi les principaux intérêts de cette controverse, nous avons vu les conséquences souvent opposées des deux systèmes en présence, et nous avons essayé de soutenir parallèlement une troisième opinion qui est celle de la condition suspensive.

Voici les raisons qui me font persister dans cette dernière opinion.

D'abord je considère ce point de vue comme plus conforme à l'esprit de la loi. Sous le Code de procédure en effet nous trouvons une adjudication préparatoire, qui n'est qu'une simple mesure de publicité et qui ne confère aucun droit à l'adjudicataire relativement à la propriété. Sans doute la loi nouvelle a supprimé cette première adjudication dans un but d'économie, mais elle n'en a pas moins reconnu la nécessité, après les mesures de publicité accomplies, de laisser s'écouler un certain temps, pendant lequel la propriété de l'immeuble demeurant en suspens, les amateurs puissent se renseigner et surenchérir.

Du reste l'adjudicataire n'a pas à se plaindre ; ce délai de huit jours est bien court, et il a un moyen bien simple d'assurer immédiatement ses droits, au cas où il ne se produirait pas de surenchère, c'est de faire transcrire son titre.

N'oublions pas d'ailleurs, que c'est dans l'intérêt des adjudicataires et de la propriété elle-même qui leur est transmise sous la foi de justice, que la procédure du décret forcé et de la saisie a pris naissance ; les avantages qui en résultent pour l'adjudicataire, compensent amplement ce léger retard apporté à ses droits.

La loi a donc eu tort de ne pas s'expliquer clairement sur ce point. C'eut été une belle occasion de tarir à jamais une source fertile de controverses, en déclarant que le droit résultant de la première adjudication n'est qu'un droit sous condition suspensive.

Mais la pratique est venue suppléer au silence

de la loi, et d'une part les cahiers des charges, en retardant l'entrée en possession jusqu'à ce que le droit de l'adjudicataire soit définitif, d'autre part l'habitude des avoués de ne pas faire transcrire la première adjudication, semblent bien confirmer cette interprétation.

§ II. — **L'adjudication sur surenchère est prononcée au profit du premier adjudicataire.**

Nous retrouvons ici les différents systèmes que nous avons rencontrés dans la première hypothèse.

Premier système. — Le droit de l'adjudicataire ne date que de la deuxième adjudication. — Pour ceux d'abord qui veulent que la surenchère par elle-même, entraîne la résolution du droit du premier adjudicataire, le second jugement d'adjudication est toujours translatif, même lorsqu'il est prononcé en faveur de l'adjudicataire surenchéri.

Les partisans de ce système invoquent le droit romain, qui dans le cas d'*in diem addictio*, lorsqu'une *adjectio* se produisait, décidaient que le droit de l'acquéreur était immédiatement résolu et que s'il conservait la propriété à la suite de la revente aux enchères, c'était en vertu d'un nouveau titre qui n'avait d'effet qu'à sa date (1).

(1) Petiet, n° 203.

Deuxième système. — Le droit du premier adjudicataire est confirmé par le second jugement, à
la date de la première adjudication. — Nous avons
admis que c'était seulement l'adjudication sur
surenchère qui réalisait la condition affectant le
droit du premier adjudicataire.

Ceux pour qui cette condition est résolutoire,
reconnaissent que dans notre hypothèse la condition est défaillie, que le droit du premier adjudicataire est affranchi de cette condition et se trouve
confirmé. L'adjudicataire surenchéri se trouve
ainsi propriétaire du jour même de la première
adjudication (1).

On invoque à l'appui de cette décision l'art.
2189 Code civil, qui dans l'hypothèse d'aliénation
volontaire, dispose que l'adjudication sur surenchère du dixième confirme le contrat volontaire ;
les raisons de décider dit-on, sont les mêmes (2).

Troisième système. — Le droit du premier adjudicataire sous condition suspensive, prend naissance par la réalisation de la condition et est rétroactivement reporté à la première adjudication.
— Dans ce dernier système la condition suspensive
du droit du premier adjudicataire se trouve réalisée et en vertu de la rétroactivité de la condi-

(1) Bioche v· Surench., n· 322 ; — Chauveau-sur-Carré, art. 717.
Quœst. 2404 ter. Seligmam, sur l'art. 717, n· 54;
Petiet, n· 203. Garsonnet. *op. cit* § 725.
(2) Bordeaux, 24 avril 1845, décision implic., S. 46, 2, 68.

12

tion, sa propriété remonte au jour de la première adjudication.

Cette dernière opinion que nous avons préférée aux deux autres, est donc conforme ici encore aux solutions de la pratique. Elle ne diffère pas d'ailleurs quant à ses conséquences avec la doctrine de la condition résolutoire (1).

Ces conséquences sont les suivantes :

1° La perte de l'immeuble survenue entre les deux adjudications, n'est pas pour le saisi mais pour l'adjudicataire surenchéri.

2° Fruits. — Le saisi n'a aucun droit aux fruits produits par l'immeuble entre les deux adjudications, l'adjudicataire les fait siens.

Cette disposition se trouve exprimée dans presque tous les cahiers des charges à Paris.

« Chaque ajudicataire sera propriétaire par le fait de l'adjudication... Dans le cas où l'adjudication sur surenchère serait tranchée au profit de l'adjudicataire primitif, l'entrée en jouissance et le point de départ des intérêts resteront fixés au jour indiqué par la première adjudication. »

3° Le saisi a perdu le droit d'hypothéquer l'immeuble, dès la transcription de la première adjudication.

4° Les tiers qui ont acquis sur cet immeuble du chef du saisi, des hypothèques ou des droits réels

(1) Petiet : p. 210, note 1.

sujets à transcription, ne peuvent plus, dès cette même époque, procéder à leur inscription ou transcription à l'effet de les opposer à l'adjudicataire.

5° Les tiers, auxquels le saisi aurait aliéné l'immeuble depuis la transcription de la saisie, ne peuvent plus invoquer l'art. 687 Code de procédure après la première adjudication.

6° A l'inverse, l'adjudicataire étant propriétaire du jour de la première adjudication, a pu, dès ce jour, constituer valablement des droits réels ou hypothécaires sur cet immeuble.

Toutefois, il faut tenir compte de la pratique des avoués, qui ne font pas transcrire le premier jugement d'adjudication ; d'où la conséquence, que les tiers qui ont acquis du saisi et précédents propriétaires, des droits sujets à transcription, peuvent les faire inscrire jusqu'à la transcription du second.

7° Pour les droits de mutation, ils ne sont dus qu'une seule fois, sur le montant total de l'adjudication sur surenchère. Si l'adjudicataire les avait déjà acquittés sur le prix de la première adjudication, il ne les devrait plus que sur le supplément.

8° Enfin, l'adjudicataire qui a été obligé d'augmenter son prix, pour conserver l'immeuble, ne peut pas, comme en cas de surenchère sur aliénation volontaire, (art. 2191, C. civ.) recourir contre le saisi pour le supplément qu'il a dû payer. Il n'a jamais dû compter sur l'irrévocabilité du prix de la première adjudication et il a dû s'attendre à une surenchère.

C'est ce que les cahiers des charges ont soin de spécifier : « L'adjudicataire prendra les biens dans l'état où ils seront, lors de l'adjudication, sans pouvoir prétendre à aucune diminution de prix, ni à aucune garantie et indemnité contre les vendeurs, pour surenchère... »

Après avoir ainsi exposé les différents systèmes qui ont été soutenus, relativement à la nature juridique de la surenchère et aux conséquences de l'adjudication sur surenchère; après avoir pris parti dans la controverse pour le système de la condition suspensive, je crois qu'il y a un autre point de vue, sous lequel on peut envisager la surenchère, qui amène d'ailleurs aux mêmes conséquences, et qui me semble plus conforme au but de la loi et au fond même des choses.

Après mûre réflexion, je crois que l'on doit considérer l'exercice de la surenchère comme une rescision de la première adjudication pour cause de vilité du prix, autrement dit de lésion.

Si l'article 1684 Code civil, dit que la rescision pour lésion des sept douzièmes, qui n'est qu'une exception en matière de contrats, n'a pas lieu dans les ventes en justice, ce n'est pas que le législateur considère ces ventes comme n'étant pas sujettes à rescision, conformément au principe

général de l'article 1118 Code civil, mais bien que
les rédacteurs du Code, se réservaient de prendre
en ce qui concerne ces espèces de vente, des mesures particulières pour assurer au vendeur le
véritable prix de son immeuble.

C'est, en effet, dans ces ventes qui se font sous
l'œil de la justice, qu'il importait surtout que les
immeubles saisis atteignissent autant que possible
leur juste valeur. La loi, dans l'intérêt des créanciers saisissants et par là même dans l'intérêt du
crédit hypothécaire, qui domine toute la procédure
de saisie, devait prendre des dispositions plus
rigoureuses encore que dans les ventes ordinaires,
pour empêcher les amateurs de l'immeuble d'abu-
ser de la situation malheureuse du saisi, au détriment de ses créanciers.

Si telle est la raison qui justifie l'action en rescision, en matière de vente, cette raison est encore bien plus impérieuse en matière d'expropriation forcée, où le saisi subit la vente ; les créanciers
du saisi qui sont souvent les seuls intéressés à ce
que l'immeuble atteigne sa valeur réelle, doivent
être énergiquement protégés, surtout alors qu'ils
ont affaire à un débiteur malveillant, qui peut vouloir par rancune diminuer leur gage.

Ainsi donc le but même de la surenchère, faire
atteindre à l'immeuble sa plus haute valeur, nous
porte à admettre cette idée de rescision pour cause
de lésion.

Cette lésion se prouve d'ailleurs par le fait même de la surenchère ; il n'est plus besoin de recourir à des experts pour l'apprécier (art. 1678 C. civ.). C'est le surenchérisseur lui même qui est expert, et expert responsable, puisqu'il s'expose à rester adjudicataire, si son estimation n'est pas couverte.

De plus, la rescision de la vente pour cause de lésion a pour effet de créer à la charge de l'acquéreur une obligation facultative : restituer l'immeuble (avec compensation des fruits et des intérêts, 1682 2º et 3º) (*in obligatione*) ou bien, s'il le préfère, garder l'immeuble en payant le supplément de prix et l'intérêt du supplément du jour de la demande (*in facultate*).

Ces effets ne sont-ils pas produits par la surenchère ? Le premier adjudicataire n'est obligé qu'à une seule chose, restituer l'immeuble, ce qui annule la première adjudication, mais il peut garder l'immeuble en acceptant le supplément du prix c'est-à dire en couvrant la surenchère. La nature de ces deux obligations est bien identique.

C'est là sans doute, une action en rescision d'une nature particulière.

On a voulu que la propriété acquise par l'adjudicataire, fût plus certaine que celle qui résulte de de toute autre aliénation, et les causes d'éviction moins nombreuses. C'est pourquoi on n'autorise pas l'action en rescision (article 1684), qui dure

d'ordinaire deux ans, mais on remplace cette garantie par une autre bien plus efficace, la surenchère, qui procède de la même idée.

On ouvre immédiatement après la première adjudication, mais seulement pendant huit jours,
cette action en rescision, en constestation du prix
et on l'ouvre à toute personne (article 708 procédure).

Cela revient à dire aux amateurs de l'immeuble
adjugé : Si vous estimez que l'adjudicataire fait
un bénéfice trop considérable, supérieur non plus
à sept douzièmes comme dans la vente ordinaire,
non plus à trois douzièmes comme sous l'empire
du code de procédure, mais à deux douzièmes depuis la loi de 1841, prouvez-le en surenchérissant
et la rescision sera prononcée, sauf la faculté reconnue au premier adjudicataire de couvrir la surenchère.

Voyons maintenant les conséquences de cette
action particulière.

Le surenchéri n'accepte pas le supplément de
prix, il ne couvre pas la surenchère : la première
adjudication est annulée et non pas seulement résolue, ce qui entraîne toutes les solutions que nous
avons indiquées précédemment ; l'immeuble est
finalement adjugé à celui qui estime la lésion au
taux le plus considérable, autrement dit à celui

qui reste dernier enchérisseur ; son titre bien entendu, ne date que de la seconde adjudication.

Lorsqu'au contraire, le surenchéri consent à
payer le supplément de prix et couvre la surenchère, lorsqu'il reste dernier enchérisseur et que
l'immeuble lui est de nouveau adjugé, il use de la
faculté qui lui est reconnue d'échapper à la rescision de son titre, il confirme ainsi ce titre qui ne
peut plus être attaqué. Dans ce cas la première adjudication subsiste, le prix seul se trouve aug-
menté et la propriété a toujours appartenu au surenchéri dès la première adjudication.

Ce sont bien là les effets de la surenchère, tels
que nous les avons indiqués plus haut.

Nous avons vu ainsi les conséquences de l'adjudication sur surenchère, par rapport à la première
adjudication et les rapports créés de ce fait entre
les adjudicataires, nous allons maintenant étudier
les rapports qui en résultent entre l'adjudicataire
définitif et les personnes qui sont intéressées à la
vente de l'immeuble.

CHAPITRE II

DES RAPPORTS CRÉÉS PAR L'ADJUDICATION ENTRE L'ADJUDI-
CATAIRE ET LES DIVERS INTÉRESSÉS A LA VENTE

Nous connaissons maintenant la nature juridique de l'adjudication sur surenchère. Tantôt translative de propriété à sa date, (lorsque la première adjudication est annulée pour vileté du prix) tantôt confirmative d'un titre antérieur, lorsque l'adjudicataire surenchéri consent à payer le supplément du prix, elle consacre dans tous les cas, la translation définitive de la propriété de l'immeuble.

Que le titre de l'adjudicataire date seulement de l'adjudication sur surenchère, ou qu'il remonte au jour de la première adjudication, il n'en constitue pas moins une vente de l'ancien propriétaire à l'adjudicataire, qui crée entre eux, toutes les obligations qui dérivent en général du contrat de vente.

§ 1. — Obligations de l'adjudicataire

Première obligation. — L'adjudicataire est tenu de payer son prix, conformément aux dispositions du cahier des charges.

Intérêts — L'adjudicataire les doit conformément à l'article 1652 C. civil : 1° S'il y est obligé par le cahier des charges; .— 2° Si la chose adjugée produit des fruits civils ou naturels; .— 3° S'il y a eu sommation de payer, et du jour de cette sommation.

Les intérêts du prix, sont considérés en général, comme l'équivalent de la jouissance de la chose vendue. L'adjudicataire doit donc conformément au droit commun, les intérêts de son prix, du jour de son entrée en jouissance. Nous avons vu que les cahiers des charges consacrent le droit commun sur ce point.

L'adjudicataire doit les intérêts de son prix, du jour où il a droit aux fruits et nondu jouroù ilaété mis en possession. Il a droit aux fruits du jour de l'adjudication, l'entrée en possession peut n'avoir lieu que plus tard, (1) (en cas d'appel par exemple.)

2° obligation. — L'adjudicataire doit supporter en outre de son prix, les frais ordinaires de pour-

(1) Cassat. civ. 6 février 1833, D. A. v. enregistrement n° 2401.

suites, qui représentent pour lui les frais d'acte
que l'article 1593, Code civil, met à la charge du
vendeur ordinaire. (713, Code de procédure.)

3° *Obligation*. — Enfin, il doit se soumettre à
toutes les conditions qui lui sont légalement imposées par le cahier des charges.

L'article 733 du Code de procédure indique
la sanction en c .s d'inexécution de ces obligations ;
« Faute par l'adjudicataire d'exécuter les clauses de l'adjudication, l'immeuble sera vendu à sa
folle enchère. »

« ... Sans préjudice des autres voies de droit »
ajoute l'article 713 *in fine*, car l'adjudicataire a
contracté une obligation dont il répond sur tous
ses biens personnels (1).

§ II. — Droits de l'adjudicataire.

1° *Droit d'exiger la délivrance*. — L'adjudicataire a droit à la délivrance de l'immeuble avec
tous ses accessoires (2). Nous avons vu que les
cahiers des charges contenaient souvent des dispositions, stipulant que l'adjudicataire ne pourra
entrer en possession avant que son droit ne soit
devenu définitif. Dans ce cas, il ne pourra pas

(1) Garsonnet *op. cit.* § 707.
(2) Bordeaux, 23 avril 1875. D. 76.2. 180.

exiger la délivrance avant le jour ainsi fixé, mais elle lui sera due au plus tard, au moment de la signification du jugement. Si le saisi ne délaissait pas l'immeuble, aussitôt après la signification, il pourrait en être expulsé par la force.

L'adjudicataire doit prendre l'immeuble dans l'état où il se trouve au moment de l'adjudication (sans pouvoir prétendre, disent les cahiers des charges, à aucune diminution du prix, ni à aucune garantie et indemnité contre les vendeurs, pour surenchère, dégradations, réparations....) L'adjudicataire, en effet, a dû se renseigner avant d'enchérir ; s'il ne l'a pas fait, il doit supporter les conséquences de son imprudence.

Quant aux dégradations commises depuis l'adjudication, il peut invoquer l'article 1382 pour en demander la réparation.

2º *Droit de garantie.* — Il faut d'abord mettre de côté, la garantie à laquelle a droit l'acheteur ordinaire, à raison des défauts cachés de la chose vendue.

L'article 1649, Code civil, dit expressément que cette garantie n'a pas lieu dans les ventes qui ne peuvent être faites que par autorité de justice.

Le motif de ce refus, c'est que les précautions prises, la publicité donnée aux ventes judiciaires, suffisent pour mettre les adjudicataires à l'abri de ces vices.

On ne veut pas d'ailleurs remettre trop souvent
en question les résultats de l'adjudication, et
l'adjudicataire, qui, le plus souvent, acquiert
l'immeuble au-dessous de sa valeur, serait mal
venu à se plaindre.

Mais il existe d'autres chefs d'éviction et l'on ne
voit pas pourquoi l'adjudicataire n'aurait pas
droit à la garantie comme tout acheteur.

Sans doute dans l'ancien droit, cette garantie
n'existait pas, mais c'est qu'elle était inutile : Le
décret forcé purgeait l'immeuble de tous les droits
réels sans exception ; les causes d'éviction étaient
supprimées. Mais ce résultat avait disparu dans
la suite, et notre ancienne jurisprudence qui con-
sidérait la justice elle-même, comme le véritable
vendeur de l'immeuble saisi et l'affranchissait de
toute espèce de garantie, aurait dû se modifier
également dès cet instant. Cependant cette jurisprudence est encore affirmée dans les travaux
préparatoires du Code civil.

Aujourd'hui on est forcé de reconnaître que
malheureusement la loi du 23 mars 1855 sur la
transcription n'a pas supprimé toutes causes d'é-
viction.

Il y a en effet des transmissions d'immeubles ou
de droits réels, celles qui résultent de dispositions
testamentaires, que l'adjudicataire est dans l'im-

possibilité de connaître, puisqu'elles ne sont pas soumises à la transcription.

De plus tous ceux qui ont acquis du saisi des droits sur l'immeuble, avant la transcription de la saisie, peuvent les faire transcrire utilement et les opposer à l'adjudicataire, jusqu'à la transcription du jugement d'adjudication.

Doit-on laisser l'adjudicataire sans défense en présence de ces évictions possibles ? Évidemment non. La loi a considéré qu'il était de l'intérêt universel, d'accorder pleine sécurité aux adjudications et ce serait aller contre son but que de refuser dans l'espèce tout secours à l'adjudicataire évincé.

Que le saisi soit d'ailleurs soumis à ce recours, soit comme vendeur obligé à garantie, soit comme tout tiers qui a causé par sa faute un dommage à autrui (art. 1382), peu nous importe.

Ces deux points de vue sont également vrais :

C'est bien le saisi, en effet, qui partage avec le poursuivant le rôle de vendeur. C'est bien le saisi aussi, qui sommé de prendre connaissance du cahier des charges et d'y faire toutes observations, est responsable du préjudice causé par son silence.

Ce recours contre le saisi serait bien souvent illusoire, car on se trouve presque toujours en face d'un insolvable ; aussi les créanciers hypothécai-

res à qui le prix d'adjudication a profité doivent-ils
être exposés aussi, au recours de l'adjudicataire.

Si l'on ne veut pas les soumettre à l'obligation
de garantie en qualité de vendeurs, il y a un autre principe fondamental qui leur est applicable,
c'est celui-ci : nul ne doit s'enrichir aux dépens
d'autrui. Or c'est ce qui arriverait, s'ils pouvaient
retenir le prix d'un immeuble qui n'appartient
pas à leur débiteur, ou dont la propriété est grevée
de son chef, de droits réels qui l'absorbent en
tout ou en partie.

Il y a un cas cependant où l'adjudicataire ne
pourrait recourir contre les créanciers hypothécaires, celui où ils auraient à la suite du paiement
qu'ils ont reçu, supprimé et détruit leur titre
(1377, 2° Code civil).

Parmi les créanciers, il y en a un qui est exposé
au recours de l'adjudicataire dans un cas particulier, lorsque l'éviction a pour cause un défaut de
procédure : on peut supposer qu'un créancier inscrit, qui n'a pas reçu la notification prescrite par
l'art. 692, saisit l'immeuble sur l'ajudicataire, en
vertu de son droit de suite qui n'a pas été purgé.
Le poursuivant, en effet, qui s'est chargé de procéder à la vente, est tenu de la poursuivre régulièrement, sinon il s'expose à tomber sous le coup
de l'art. 1382.

L'adjudicataire évincé, peut donc toujours re-

courir soit contre le saisi, soit contre ses créanciers. A cela rien de plus juste ; l'adjudication est
une vente, (art. 2205 et suiv. code civil) et les règles
de la garantie auxquelles la loi n'a pas dérogé expressément comme elle l'a fait dans les articles
1649 et 1684 code civil doivent s'y appliquer.

Montant de l'action en garantie :

Restitution du prix. — L'adjudicataire a d'a-
bord le droit de retenir le prix, s'il ne l'a pas
payé, ou de le répéter s'il l'a déjà acquitté. (Le
paiement de ce prix serait sans cause (articles 1131
et 1376, code civil). Il a ce droit soit contre le
saisi qu'il a ainsi libéré, soit contre les créanciers, car il leur a payé ce qu'il ne leur devait pas
(article 1377 code civil).

Si l'éviction n'était que partielle, l'adjudicataire
pourrait demander la réduction du prix non encore payé, répéter une partie du prix déjà payé
et même faire résilier l'adjudication, si la partie
dont il a été évincé est de telle importance relativement au tout, que sans cette partie il ne se fut
pas porté adjudicataire (article 1636 et 1637 code
civil) (1).

Autres objets de l'action en garantie. — L'acheteur ordinaire peut encore lorsqu'il est évincé,
réclamer au vendeur :

_____

(1) Garsonnet, § 706 et note 31.

1° La restitution des fruits, lorsqu'il a été obligé de les rendre au propriétaire qui l'évince.

2° Les frais faits sur la demande en garantie de l'acheteur, et ceux faits par le demandeur originaire.

3° Enfin des dommages-intérêts, ainsi que les frais et loyaux coûts du contrat.

L'adjudicataire peut-il y prétendre ?

Contre le saisi. — Les uns partant de cette idée qu'entre le saisi et l'adjudicataire, il y a véritable vente, admettent l'application complète des articles 1626 et 1630 (1).

Les autres, tout en reconnaissant que le saisi est bien un vendeur, décident que le consentement tacite qu'il a donné à la vente n'a pas été libre, et n'a pu le soumettre absolument à toutes les obligations d'un vendeur. Le saisi comme le poursuivant d'ailleurs, ne serait donc passible de dommages-intérêts que lorsque l'éviction lui est imputable en vertu de l'article 1382.

Contre les créanciers hypothécaires. — Ils ne tombent sous le coup, ni des articles 1626, 1630 ni de l'article 1382. Tout ce qu'on peut leur réclamer c'est la restitution de l'indû (1377).

L'adjudicataire peut encore être lésé, soit par un défaut de la contenance indiquée par le cahier

(1) Petiet, § 207 in fine.

13

des charges, soit par l'existence de servitudes non apparentes, qui ne lui ont pas été signalées et qu'il n'a pas connues. Peut-il recourir en garantie ? Oui. Dans le premier cas, il peut demander la réduction proportionnelle du prix, conformément aux articles 1617 et 1619 code civil ; dans le second, l'article 1638 code civil lui permet de réclamer soit la résiliation de l'adjudication soit une indemnité (1).

(1) Garsonnet, § 706 1° et 3°.

SECTION II

RAPPORTS ENTRE L'ADJUDICATAIRE ET CEUX QUI
ONT DES DROITS RÉELS PRINCIPAUX SUR L'IM-
MEUBLE.

Il nous reste maintenant à passer en revue les
droits conférés par l'adjudication sur l'immeuble
lui-même, autrement dit l'étendue de la propriété
transférée à l'adjudicataire.

Cette propriété, semble-t-il, devrait être complète, et il en était ainsi dans notre ancien droit
où le décret forcé purgeait tous les droits anté-
rieurs sur l'immeuble, aussi bien les droits réels
principaux que les droits réels accessoires. Mais
on reconnut bientôt, qu'à vouloir protéger outre
mesure l'adjudicataire, on risquait de sacrifier
certains intérêts tout aussi respectables que le sien
et qu'il n'y avait aucune raison pour déroger en
sa faveur, à un principe fondamental de notre
droit : *Nemo plus juris ad alium transfert quam
ipse habet.*

Il y avait à cet égard une distinction qui s'imposait et qui pour avoir été méconnue à l'origine,
n'en fut pas moins consacrée dès le XVIIIe siècle
par l'édit de juin 1771 (A. 7.).

« Les lettres, y est-il dit, purgeront... sans que néanmoins les dites lettres puissent donner aux acquéreurs, relativement à la propriété, droits réels fonciers, servitudes et autres, plus de droits que n'en auront les vendeurs, l'effet des dites lettres étant restreint à purger les privilèges et hypothèques seulement » (1).

Il y a en effet une grande différence entre les droits réels principaux, qui ne présentent d'utilité pour leurs titulaires qu'autant qu'ils s'exercent directement sur l'immeuble lui-même, et les droits réels accessoires, tels que privilèges et hypothèques, qui ne grèvent cet immeuble que pour garantir le paiement d'autres obligations et sont destinés à se transformer. Si l'on conçoit que les créanciers hypothécaires ou privilégiés ne puissent se plaindre de la réalisation anticipée de leur gage puisque telle est en somme la fin et le but de leurs droits de suite et de préférence, il n'en est pas de même de ceux qui ont sur l'immeuble, des droits réels principaux. Pour ces derniers, la purge constituerait une véritable expropriation et le législateur ne devait pas facilement permettre ce résultat.

---

(1) L'édit de juin 1771 avait simplifié les formes de la purge après aliénation amiable et remplacé la procédure onéreuse et longue du décret volontaire par celle des lettres de ratification.

Ce principe, écrit pour la purge sur aliénation volontaire, ne tarda pas à être étendu à celle qui résultait du décret forcé.

Cette distinction a été maintenue dans notre droit actuel et l'article 717 nous dit : « L'adjudication ne transmet à l'adjudicataire d'autres droits à la propriété, que ceux qu'avait le saisi. »

Nous allons rechercher successivement quelle est la situation de l'adjudicataire en présence 1° de droits réels principaux ; 2° de droits réels accessoires, prétendus sur l'immeuble adjugé.

Droits réels principaux qui peuvent grever l'immeuble. — L'adjudication nous l'avons dit, ne purge donc plus, comme autrefois le décret forcé, ces droits réels principaux. Toutefois la transcription du jugement d'adjudication purgera tous ceux de ces droits réels, qui soumis à la publicité par la loi du 23 mars 1855, n'auront pas été transcrits à cette époque.

En principe donc, tous les droits réels qui grèvent l'immeuble aux mains du saisi sont opposables à l'adjudicataire, sauf deux exceptions : 1° Les droits qui n'ont pu être valablement constitués par le saisi, en raison des incapacités qui le frappent au moment de la saisie. 2° Ceux qui, bien que valablement constitués, n'ont pas été publiés en temps utile (Loi de 1855. Art. 1, 2, 3).

Parmi ces droits réels, nous pouvons citer ceux qui résulteraient d'aliénations, de servitudes, ~~de baux~~, consentis par le saisi ou les précédents pro-

priétaires, des actions en nullité, en rescision et
en résolution, qui menaçaient le saisi :

Passons en revue ces différents droits :

§ I. — Aliénations.

La transcription de la saisie, enlève au saisi le
droit d'aliéner l'immeuble (article 686). Le mot
aliéner doit être entendu largement et doit
comprendre également la faculté pour le saisi de
de constituer un usufruit sur son immeuble (1).

Les aliénations et constitutions d'usufruit
consenties postérieurement à la transcription de
la saisie, ne sont donc pas opposables à l'adjudicataire ; elles sont nulles comme émanant d'un
incapable.

Cette nullité a lieu de plein droit : « sans qu'il
soit besoin de la faire prononcer » dit en effet
l'article 686 Code de procédure.

« Néanmoins l'adjudication ainsi faite, aura son
exécution, si avant le jour fixé pour l'adjudication, l'acquéreur consigne somme suffisante pour
acquitter en principal, intérêts et frais, ce qui est
dû aux créanciers inscrits, ainsi qu'au saisissant,
et s'il leur signifie l'acte de consignation. » (Article 687, Code de proc.)

(1) Garsonnet, § 688, p. 127, note 10.

Il résulte de cet article, que l'acquéreur dont le
titre est postérieur à la transcription de la saisie
peut bien arrêter les effets de la saisie et empêcher l'adjudication, mais ne peut jamais, une fois
celle-ci prononcée, opposer son titre à l'adjudicataire.

Ces mêmes *aliénations* et constitutions d'usufruit *antérieures à la transcription de la saisie,*
bien que valablement consenties, ne sont opposables à l'adjudicataire que si elles ont été transcrites avant la transcription du jugement d'adjudication. L'adjudicataire fera donc bien, de ne con-
signer son prix qu'après avoir fait transcrire son
titre et s'être assuré qu'il n'existe aucune transcription qui lui soit opposable.

Suffit-il qu'elles soient transcrites avant l'adjudication? ne faut-il pas qu'elles le soient aussi avant
la transcription de la saisie? L'adjudicataire ne
pourrait-il pas comme ayant cause des créanciers
saisissants, opposer à l'acquéreur le défaut de
transcription avant la transcription de la saisie,
bien que son titre ait date certaine avant cette
même époque?

Cette question se rattache à une autre très controversée et la solution dépend des effets que l'on
reconnaît à la transcription de la saisie.

Les uns soutiennent que la transcription de la
saisie, confère aux créanciers saisissants hypo-

thécaires ou chirographaires, le droit d'opposer le
défaut de transcription de toutes aliénations non
publiées à cette époque (1). La transcription de la
saisie leur attribue la qualité de tiers aux termes
de l'article 3 de la loi de 1855 (2).

D'autres n'accordent ce droit qu'aux créanciers
hypothécaires qui ont un droit réel sur l'immeuble.
Pour les créanciers chirographaires, l'aliénation
est valable, indépendamment de toute transcription ; la saisie pratiquée par eux est nulle (3). Mais
cette distinction doit être absolument repoussée :
le créancier hypothécaire n'a pas plus que le chirographaire le droit de critiquer les aliénations
consenties par son débiteur puisque ces aliénations
n'entament pas son droit de suite.

Enfin dans un troisième système (4), on soutient
que la transcription de la saisie n'influe en rien
sur l'application de l'article 3 de la loi de 1855;
que le défaut de transcription des actes à titre
onéreux constitutifs de droits réels, ne peut être
opposé que par des tiers ayant eux-mêmes un droit
réel sur cet immeuble; que la saisie n'est pas un
de ces droits soumis à la publicité par la loi de
1855, dont la transcription ait pour effet de confé-

(1) Seligmann, n° 59.
(2) Petiet, n° 159.
(3) Ollivier et Mourlon n° 197 et suiv. Comment. loi de 1858.
(4) Garsonnet § 667,

rer au saisissant le droit d'opposer le défaut de transcription de tous autres droits réels.

Qu'en conséquence, ni les créanciers hypothécaires, ni les chirographaires ne peuvent opposer à l'acquéreur de l'immeuble le défaut de transcription avant la transcription de la saisie.

La saisie opérée dans ces conditions par un créancier chirographaire serait nulle.

Celle opérée par le créancier hypothécaire le serait aussi, mais ce créancier, en vertu de son droit de suite, pourrait saisir à nouveau sur l'acquéreur, si celui-ci ne purgeait pas.

Ce dernier système peut être dangereux car l'acquéreur peut ainsi de connivence avec le saisi, retarder la transcription de son titre jusqu'à la transcription de l'adjudication et rendre ainsi inutile toute la procédure de saisie. Le recours dans ce cas contre le saisi en vertu de l'article 1382 sera le plus souvent illusoire car il est généralement insolvable, mais dans ce cas l'acquéreur pourrait peut-être lui-même tomber sous le coup de cet article, si sa mauvaise foi était prouvée.

Néanmoins je crois qu'on doit forcément admettre ce dernier système, les créanciers chirographaires ou hypothécaires, ne puisant ni dans la loi de 1855 qui ne les concerne pas, ni dans la transcription de la saisie qui ne leur confère pas de droit réel proprement dit, le droit d'opposer à l'acquéreur le défaut de transcription.

La capacité d'aliéner (art. 686, 687) est définitivement perdue pour le saisi, après la transcription de la saisie.

On a cependant soutenu que le saisi recouvrait cette capacité après le jugement d'adjudication et que les aliénations consenties par lui après cette époque étaient valables (1).

Les raisons qui nous engagent à repousser cette opinion sont nombreuses et puissantes.

On ne peut concevoir que l'adjudication qui exproprie définitivement le saisi, ait précisément la vertu de lui rendre une capacité qu'il n'avait déjà plus alors qu'il était encore propriétaire. Personne ne conteste que le droit de louer ou affermer son immeuble ne soit enlevé définitivement au saisi à partir du commandement (argument de l'article 684) ; n'en doit-il pas être de même, *a fortiori*, du droit d'aliéner qui lui est enlevé par la transcription de la saisie ?

Enfin il y a une dernière raison qui nous semble péremptoire : rendre au saisi cette capacité, ce serait enlever toute sécurité aux adjudications, alors que la loi a précisément pour but de l'assurer le plus possible ; l'adjudicataire qui a besoin d'un certain temps, même assez long, avant de

---

(1) Mourlon. Transcription n° 79 ; Ollivier et Mourlon n° 199.

pouvoir faire transcrire son titre, n'aurait aucun
moyen de se soustraire à ces aliénations tardives (1).

§ II Servitudes.

La transcription de la saisie, n'enlève pas au
saisi le droit de constituer des servitudes sur son
immeuble ; il conserve ce droit jusqu'à ce qu'il ait
été définitivement exproprié par la transcription
du jugement d'adjudication.

L'adjudicataire est donc obligé de respecter
toutes les servitudes constituées sur l'immeuble
pourvu qu'elles soient transcrites avant le jugement lui-même.

Toutefois l'adjudicataire pourrait en qualité
d'ayant cause des créanciers hypothécaires méconnaître les servitudes qui, n'ayant été transcrites
que postérieurement à l'inscription de ces créanciers, ne leur seraient pas opposables.

§ III — Baux.

Le commandement qui doit précéder la saisie
ne rend pas le saisi incapable de louer ou affermer
son immeuble, car il est toujours propriétaire

---

(1) Seligmann n· 57 ; Rivière et Huguet n· 124 ; Garsonnet § 701 ;
Peliet n· 159.

même après la transcription de la saisie ; mais
l'article 684 permet aux créanciers et à l'adjudicataire de demander l'annulation de tous les baux
qui n'auraient pas acquis date certaine avant le
commandement. Ils sont en effet présumés frau-
duleux.

Seuls donc les baux qui ont acquis date certaine
avant le commandement, s'imposent à l'adjudicataire, à condition que s'ils sont faits pour plus de
dix-huit ans, ils aient été transcrits avant l'inscription des créanciers hypothécaires, car dans ce
cas, ils ne leur seraient pas opposables pour plus
de dix-huit ans et l'adjudicataire aurait le même
droit qu'eux puisqu'il est leur ayant-cause.

L'adjudicataire peut demander l'annulation de
tous autres baux.

§ IV. — Actions réelles.

Outre ces droits réels principaux et charges de
l'immeuble, l'adjudicataire est exposé aux actions
réelles qui tendent à la revendication de l'immeuble. Comme les aliénations, ces actions peuvent
amener l'éviction complète de l'adjudicataire,
mais sont encore plus dangereuses, car celui-ci n'a
aucun moyen de les connaître, puisqu'elles ne sont
pas soumises à la publicité.

Parmi ces actions on peut citer la revendication du véritable propriétaire, qui ne peut être purgée que par la prescription (1), les actions en nullité, en rescision ou en résolution de la propriété du saisi (2).

Observation. — La loi de 1833 confirmée par celle du 3 mai 1841 sur l'expropriation publique, dans le but d'éviter toute cause d'éviction, décide que tous ces droits réels sans exception seront purgés par l'adjudication ; mais nous l'avons dit, il y a là une véritable expropriation qui, si elle se justifie dans cette hypothèse ne saurait être légitime ici.

Nous verrons que seule l'action en résolution du vendeur non payé, est purgée par l'adjudication (3). C'est bien une action réelle, mais accessoire d'une créance tout comme l'action hypothécaire et l'on comprend que la purge s'applique à l'une comme à l'autre.

Il y a cependant une action réelle principale qui est purgée exceptionnellement, par la transcription de l'adjudication : il s'agit de l'action en révocation des donations pour cause d'ingratitude. Cette action ne serait opposable à l'adjudicataire

(1) Seligmann. n° 69
(2) Garsonnet. § 702 p. 238
(2) Voyez Lherbette. Discussion Chambre des députés. art. 717. Séance du 14 janvier 1841 — Moniteur du 15.

qu'autant que la demande aurait été transcrite avant le jugement d'adjudication (A. 958, C. civ.).

C'est là une exception au principe général qui s'explique par ce fait que l'ingratitude du donataire n'est pas un événement que l'on puisse prévoir, comme par exemple la non exécution des charges, imposées par la donation et révélées à l'adjudicataire en même temps que le titre de propriété.

SECTION III

Ces droits réels peuvent être de différentes sortes. Nous les examinerons successivement :

§ 1. — Droit de résolution des vendeurs non payés

Le vendeur d'un immeuble a pour garantie du
paiement du prix, une double sûreté : d'abord un
privilège sur l'immeuble (Art. 2103, 1° C. Civ.),
qui lui permet en cas de saisie de se faire payer par
préférence à tous les autres créanciers de son
acheteur; (Ce privilège nous le verrons est purgé
par l'adjudication comme tous les autres privilèges et hypothèques), ensuite une action en résolution fondée sur l'article 1654, C. civ., C'est de
cette dernière action dont nous allons parler.

Les motifs de cette purge sont les suivants :
L'adjudicataire n'a aucun moyen de connaître
cette action résolutoire ; il n'a pu exiger du saisi,
comme l'acheteur à l'amiable de son vendeur, les

renseignements nécessaires, et d'autre part cette
action n'est pas soumise à la publicité. Le vendeur non payé d'ailleurs, n'est pas intéressant
dans ce cas. Ecoutons ce que dit M. Persil à la
Chambre des pairs : « Vous direz que cette action
en résolution, ne pourra plus être exercée après
l'adjudication sur saisie immobilière au préjudice
de l'adjudicataire. Par là vous concilierez tous les
droits et tous les intérêts légitimes. Si le vendeur
souffre, il ne pourra s'en prendre qu'à lui. Pourquoi n'a-t-il pas rendu public son privilège ? il aurait été averti de la poursuite. Pourquoi s'il l'a
connue ne l'a-t-il pas arrêtée ? Pourquoi s'est-il
fait ou volontairement ou par négligence, ou par
fraude, complice de la surprise dont l'adjudicataire, serait victime sans avoir encouru ni mérité
de reproche ? Les actes de la justice recouvreront
par l'amendement que nous vous proposons, leur
dignité et leur loyauté ; un adjudicataire ne crain-
dra plus de payer son prix, quand il sera assuré
de conserver l'immeuble, et le public rassuré par
cette garantie se rendra plus librement aux adjudications judiciaires. » Ainsi parlait le [rapporteur
de la loi de 1841.

A cette époque le privilège et l'action résolutoire
du vendeur non payé, étaient indépendants l'un
de l'autre, c'est-à-dire que le privilège soumis à
l'inscription était susceptible de s'éteindre par des

causes spéciales, notamment l'adjudication
(Art. 2180, 2181 et suiv. C. civ.), tandis que l'action en résolution non soumise à la publicité pouvait ne s'éteindre que par la prescription de trente
ans. L'adjudicataire était donc toujours, sous le
coup de cette menace d'éviction et cette situation
était d'autant plus dangereuse que les adjudicataires ne pouvaient y échapper. Aussi la loi de 1841
avait-elle déjà décidé, que le vendeur non payé
serait sommé de déclarer, s'il entend exercer son
droit de résolution (Art. 692 C. Proc.) et qu'il en
serait définitivement déchu s'il ne l'avait pas effectivement exercé avant l'adjudication (Art. 717).

Enfin la loi de 1855 a soumis l'action résolutoire
aux mêmes causes d'extinction que le privilège,
« l'action résolutoire établie par l'article 1654
du code civil ne peut être exercée après l'extinction du privilège du vendeur, au préjudice des
tiers qui ont acquis des droits sur l'immeuble du
chef de l'acquéreur et qui se sont conformés aux
lois pour les conserver. » (Art. 7) et la loi de 1858
a facilité la sommation exigée par l'article 692 en
la déclarant valablement faite, non-seulement au
domicile élu dans l'inscription prise par le vendeur, mais encore à son domicile réel pourvu qu'il
soit situé en France.

Aujourd'hui le jugement d'adjudication purge
donc l'action résolutoire du vendeur (692-717).

14

Cette action en outre ne peut plus être utilement intentée lorsque le privilège est éteint.

Cette déchéance s'applique même aux vendeurs incapables ; un amendement introduit en leur faveur lors de la discussion à la Chambre des députés, ne fut même pas discuté. Ceci est d'ailleurs conforme au droit commun. Les déchéances en effet, à la différence de la prescription sont opposables aux incapables.

La non exigibilité du prix de vente au moment de la saisie, n'empêcherait pas la déchéance de l'action résolutoire du vendeur. Le saisi est en effet réputé en état de déconfiture et toutes ses dettes deviennent exigibles.

Conditions de la purge. — Le privilège du vendeur n'est pas inscrit au moment où le poursuivant doit adresser les sommations de l'article 692. Cela peut arriver. En effet le vendeur a pu croire que son acquéreur avait fait transcrire son contrat et qu'une inscription a été prise d'office par le conservateur. Le poursuivant ne sera pas tenu de lui adresser de sommation et son action résolutoire n'en sera pas moins purgée par l'adjudication (1).

Bien que cette solution soit dure pour le vendeur (2), elle n'est pas injuste, car ce dernier est en faute.

(1) Seligmann, n° 18.
(2) Olivier et Mourlon, n° 97.

Mais c'est là le seul effet du défaut d'inscription. Le vendeur non payé qui apprenant la saisie,
inscrirait son privilège après les sommations,
conserverait ce privilège et par suite son action
résolutoire; il pourrait donc jusqu'à l'adjudication
intenter cette action et obtenir un délai pour la
faire juger.

Le privilège du vendeur est inscrit : la sommation de l'art. 692 doit nécessairement lui être
faite. A défaut, le vendeur non payé conserverait
son action résolutoire et même nous le verrons
son privilège.

L'adjudicataire évincé pourrait dans ce cas
recourir contre le poursuivant responsable des
vices de la procédure.

Le poursuivant doit adresser au vendeur inscrit, une sommation comme à tous les autres
créanciers inscrits, mais avec cette mention spéciale (art. 692) « qu'à défaut de former sa demande
en résolution et de la notifier au greffe avant
l'adjudication, il sera définitivement déchu à
l'égard de l'adjudicataire du droit de la faire prononcer. »

Le vendeur ainsi prévenu doit pour échapper à
la déchéance, former sa demande en résolution et
la notifier au greffe du tribunal avant l'adjudication ; il doit de plus, la faire juger définitivement
dans le délai qui lui est imparti par le tribunal et

pendant lequel il est sursis à l'adjudication.
(art. 717.)

Si le vendeur ne remplit pas ces conditions, il
est déchu de son action résolutoire. C'est donc le
jugement d'adjudication qui entraîne cette
déchéance. C'est également, nous le verrons, ce
même jugement qui purge les privilèges et hypothèques au point de vue du droit de suite, mais le
droit de préférence peut encore s'exercer après
l'adjudication. On voit par là que l'action résolutoire est éteinte en même temps que le droit
de suite attaché au privilège et l'on peut traduire
la pensée de la loi de 1855 (art. 7) en disant que
depuis cette loi, l'action en résolution du vendeur
non payé n'est plus que l'accessoire du droit de
suite attaché à son privilège.

Le vendeur non payé, avons-nous dit, doit former sa demande et la notifier au greffe du tribunal où se poursuit la saisie. C'est tout. Il n'est
pas tenu de la mentionner au cahier des charges
ou de la notifier au poursuivant. Cette dernière
obligation qui lui était imposée par le projet de
loi, voté par la Chambre des pairs en 1840, n'a
pas trouvé place dans la rédaction définitive. On
a pensé que cette condition serait trop rigoureuse
pour le vendeur, puisque les changements, dires
et observations au cahier des charges, doivent être
faits, à peine de déchéance, trois jours au plus

tard avant la publication de ce cahier. C'eut été hâter par trop une déchéance que l'on voulait retarder jusqu'à l'adjudication.

Mais on aurait dû tout au moins maintenir à la charge du vendeur non payé, l'obligation d'informer le poursuivant de l'introduction de sa demande. C'eût été résoudre une controvrse qui se présente dans l'hypothèse suivante :

Le tribunal qui n'a été informé de la notification au greffe de la demande en résolution ni par le greffier, ni par le poursuivant, a passé outre à l'adjudication. Le droit de résolution du vendeur ne sera pas purgé ; l'adjudicataire sera évincé. Contre qui ce dernier pourra-t-il recourir?

Les uns lui accordent un recours, mais seulement contre le greffier, responsable de toute faute commise dans l'exercice de ses fonctions ; le poursuivant n'est pas responsable, il n'a pas connu la demande (1).

Les autres pensent que le poursuivant doit s'assurer qu'il n'a pas été formé de demande en résolution, et exiger du greffier un certificat négatif, destiné à mettre sa responsabilité à couvert (2). Cette responsabilité est de droit, dit-on, après MM. Persil et Pascalis, dans leurs rapports sur le projet de loi de 1841.

---

(1) Bioche, saisie im. n· 233 ; Chauveau sur Carré, tome **V**, quest. 2407 *ter* ; Ollivier ci Mourlon, n· 220 ; Garsonnet, 678, 2·.
(2) Seligmann, n· 68.

Mais il faut remarquer que les rapporteurs statuaient précisément dans l'hypothèse où le vendeur non payé était tenu de notifier sa demande au poursuivant ; cette obligation n'ayant pas été maintenue, la responsabilité de droit du poursuivant n'a plus de fondement, et c'est pourquoi je disais plus haut, que cette disparition était regrettable.

Le vendeur qui a obtenu un délai pour faire juger son action en résolution, doit avoir obtenu un jugement définitif, c'est-à-dire ayant force de chose jugée, avant l'expiration de ce délai ; sinon il encourrait encore la déchéance, à moins d'avoir obtenu de nouveaux délais. « Ce délai expiré, sans que la demande en résolution ait été définitivement jugée, il sera passé outre à l'adjudication, à moins que pour des causes graves et dûment justifiées, le tribunal n'ait accordé un nouveau délai pour le jugement de l'action en résolution. » Article 717.

Cette déchéance est-elle encourue définitivement ?

Certains auteurs pensent que cette déchéance n'est pas irrévocable et peut être effacée si l'adjudication vient à être annulée, par suite d'une surenchère, d'une revente sur folle enchère ou de la cassation d'un jugement servant de base à l'adjudication (1).

(1) Bioche, n° 547. Chauveau sur Carré, quest. 2407 *bis*.

En somme qu'a voulu la loi en organisant cette
déchéance? Que le droit de résolution s'éteignit
lorsque le vendeur, en la personne de qui il ré-
side, n'a pas obtenu la résolution de son contrat
avant que l'expropriation soit consommée (1).

Si telle est la pensée de la loi, j'admets bien
que lorsque l'adjudication est annulée, les effets
qu'elle avait produits le sont également, mais
quand peut-on dire que l'adjudication soit annulée?

Surenchère ? — La surenchère, nous l'avons
dit, n'annule pas la première adjudication. Quelque soit d'ailleurs l'effet de l'adjudication sur
surenchère, la première adjudication n'en produit pas moins des effets qui durent jusqu'à la
seconde (2).

Folle enchère? — La revente sur folle enchère,
loin d'annuler l'adjudication, n'est qu'un moyen
d'obtenir son exécution. Comment d'ailleurs
comprendre, que le vendeur puisse être relevé de
la déchéance, par la faute d'un tiers, de l'adjudicataire qui n'exécute pas ses obligations (3).

Le jugement qui repoussait la demande en résolution et qui servait ainsi de base à l'adjudication
a été cassé. — La cassation de ce jugement n'a
d'effet qu'entre les parties, elle ne saurait donc

(1) Ollivier et Mourlon, n° 231.
(2) Garsonnet § 712, note 20 ; Seligmann, n° 67.
(3) Colmet Daage sur l'article 717, p. 371 ; Bordeaux, 19 février 1850.
D. 50, 2, 153.

faire revivre l'action en résolution à l'égard de
l'adjudicataire, pour qui l'arrêt de cassation est
res inter alios acta (1).

Dans ces trois cas on ne peut dire qu'il y ait
nullité de l'adjudication, aussi la déchéance est-
elle encourue définitivement.

Mais il en serait différemment dans le cas ou
cette adjudication serait annulée soit pour cause
d'incapacité de l'adjudicataire, soit par suite d'un
vice de procédure. Dans toutes ces hypothèses,
c'est l'adjudication toute entière qui tombe avec
tous ses effets ; il n'y a plus d'adjudicataire, plus
d'expropriation consommée, donc plus de déchéance

C'est en effet dans l'intérêt de l'adjudicataire et
non dans celui du saisi ou de ses créanciers, que
cette déchéance a été introduite (2). Ceux-ci ne
peuvent donc l'invoquer indépendamment de l'adjudicataire, notamment dans le cas où l'adjudication n'aboutit pas (3), ou lorsque cet adjudicataire
renonce à s'en prévaloir, à moins qu'ils ne
puissent l'invoquer de leur propre chef, comme
conséquence de la perte du privilège pour défaut
d'inscription avant la transcription de l'adjudication (4).

(1) Seligmann, n° 67, *in fine*.
(2) Garsonnet, loc. cit., § 712.
(3) Réq. 7 mars 1754. D. 54. 1. 243 ; — Civ. rej. 6 juin 1860. D. 60.
1. 268.
(4) Ibidem.

§ II. — Privilèges et hypothèques

Les principaux droits réels accessoires sont les privilèges et les hypothèques.

Rappelons que ces droits confèrent à leurs titulaires, comme garantie du paiement de leur créance, d'abord un droit de suite puis un droit de préférence.

Le premier les garantit contre les aliénations de leur gage, consenties par leur débiteur et leur permet d'exercer leur action hypothécaire à l'encontre des tiers acquéreurs, c'est-à-dire d'exiger que le prix de l'immeuble soit fixé en justice au moyen d'une adjudication aux enchères publiques.

Le droit de préférence qui leur permet de venir à leur rang dans la distribution du prix de l'immeuble, n'intéresse que les rapports des créanciers entre eux.

Seul le droit de suite intéresse donc l'adjudicataire, puisque c'est le seul qu'il ait à redouter et qui puisse remettre en question le sort de l'adjudication prononcée à son profit.

Remarquons qu'à défaut de disposition spéciale, ce droit de suite pourrait s'exercer à l'encontre de l'adjudicataire comme de tout autre acquéreur, puisqu'il n'est lui-même qu'un tiers acquéreur et

qu'en principe les aliénations consenties par un
débiteur ne peuvent nuire à ses créanciers hypothécaires.

Mais les droits hypothécaires qui ne sont que
des droits accessoires, des droits exceptionnels,
sont de nature à entraver les transmissions de
propriété des immeubles qui en sont grevés ; aussi
le législateur devait-il dans l'intérêt de la propriété immobilière, imposer un terme à l'exercice
de ces droits et forcer dans certains cas, leurs
titulaires à les exercer immédiatement.

Sans doute, la loi ne devait pas sacrifier les
créanciers aux tiers acquéreurs, et elle devait
prendre certaines précautions pour que la réalisation de leur gage se fît dans les meilleures
conditions possibles ; ce résultat désiré de tous
les intéressés, c'était la transformation dans le
patrimoine du débiteur, de l'immeuble hypothéqué en une somme d'argent la plus forte
possible, et comme corollaire, l'affranchissement
de l'immeuble de tous les droits de suite qui le
grevaient.

Ce résultat, nous le voyons assuré dans notre
ancien droit, d'une part par le décret forcé, d'autre
part par le décret volontaire, qui n'était qu'une
fiction du premier ; puis dans la procédure des
lettres de ratification (Edit. de 1771), procédure
plus simple qui, instituée en vue des aliénations

volontaires, ne tarda pas à être étendue aux aliénations forcées.

Cette nécessité de la purge s'imposait et nous la retrouvons dans le code civil, aux chapitres VIII et IX du titre XVIII, où le législateur organise la purge en cas d'aliénation volontaire. Quant à l'expropriation forcée, personne ne lui contestait la vertu de purger virtuellement les droits réels accessoires. Toutefois en ce qui concernait les hypothèques dispensées d'inscription, la jurisprudence qui avait d'abord admis le principe jadis énoncé par Loisel et Pothier sous les édits de 1531 et de 1771, décret forcé nettoye toutes les hypothèques, subit un revirement, consacré par un arrêt solennel de la Cour de cassation du 22 juin 1833. D'après cet arrêt, l'adjudication sur saisie immobilière n'opérait pas la purge des hypothèques légales, dispensées d'inscription, et l'adjudicataire devait recourir aux formalités prescrites pour la purge volontaire.

Cette dernière jurisprudence était regrettable, car si elle signalait un danger résultant du défaut de protection de ces hypothèques, danger facilement réparable, elle faisait brèche à un principe fondamental, sur lequel reposait toute la procédure de saisie immobilière.

Cet inconvénient n'avait pas échappé aux législateurs de 1841 ; aussi, lors de la discussion du

nouveau titre de la saisie immobilière, le rapporteur indiquait-il le remède au danger signalé par
la cour suprême, et réclamait-il la reconnaissance
expresse de l'ancien principe.

« Nous vous proposons de déclarer ici par l'article 692 que les créanciers, ayant des hypothèques
légales, dispensées d'inscription, seront sommés,
tout aussi bien que les autres, de prendre commu-
nication du cahier d'enchères et d'assister à l'adjudication. Après cette formalité exactement accomplie, il n'y aurait pas de raison pour traiter
les hypothèques, indépendantes de l'inscription,
autrement que les autres. »

Malheureusement ces considérations ne préva-
lurent pas contre les objections, qui furent alors
soulevées contre ce que l'on appelait une dangeu-
reuse innovation ; et ce n'est que dans la loi du
21 mai 1858 que nous retrouvons enfin la vieille
règle de nos anciens édits :

« Le jugement d'adjudication dûment transcrit,
purge toutes les hypothèques et les créanciers
n'ont plus d'action que sur le prix. » (article
717).

L'article 692 fut en même temps modifié, et im-
posa au poursuivant, la nécessité d'adresser des
sommations aux créanciers hypothécaires dispensés d'inscription, de façon à les relier à la procédure de saisie comme les créanciers inscrits. Dès

lors il n'y avait plus de raison d'établir de différence entre eux quant à la purge de leurs droits
de suite.

Remarquons que les précautions qui entourent
ainsi la purge de plein droit de ces droits réels en
matière d'expropriation forcée, sont les mêmes que
celles prescrites par le code civil, pour la purge
volontaire. La seule différence, c'est que ces formalités ont lieu au cours même de la procédure de
saisie, au lieu d'être rejetées après l'adjudication
et qu'elles incombent au poursuivant et non plus
à l'adjudicataire.

On peut donc actuellement poser en principe,
que l'adjudication purge tous les droits réels accessoires, sans exception, au point de vue du droit
de suite.

Mais une controverse s'est élevée à cette occasion, sur le point de savoir quel est précisément,
l'acte qui entraîne cette purge des droits réels,
est-ce l'adjudication elle-même ou seulement la
transcription du jugement ?

D'après une première opinion, cet effet ne serait
attaché qu'à la transcription du jugement d'adjudication; on invoque en premier lieu les termes mêmes
de la loi, l'article 3 de la loi du 23 mars 1855 qui
déclare que les jugements d'adjudication ne sont
opposables aux tiers qu'à partir de leur transcription et l'article 717, « le jugement dûment trans-

crit. » Enfin l'on invoque également les paroles de M. Riché, rapporteur de la loi de 1858 au corps législatif.

« Les créanciers hypothécaires de toute espèce, ayant été appelés à la procédure de saisie, la transcription du jugement d'adjudication affranchira.... »

Mais les textes que l'on invoque sont étrangers à notre question et ne peuvent nous servir à la résoudre.

Et d'abord s'il est vrai que la transcription, exigée par la loi de 1855, opère bien une purge, c'est celle des hypothèques non inscrites à cette époque, mais ce dont nous nous occupons, c'est au contraire la purge des hypothèques inscrites avant cette même époque.

L'art. 717 que l'on invoque en second lieu n'est pas plus concluant : il traite de la purge du droit de préférence et non de la purge du droit de suite. La transcription du jugement, dit-il, purgera le droit de préférence attaché aux hypothèques, qui soumises à la nécessité de l'inscription n'auront pas été inscrites avant cette transcription. En effet, par exception, continue-t-il, les créanciers à hypothèque légale, qui n'ont pas fait inscrire leur hypothèque avant la transcription, conserveront leur droit de préférence.

Ces deux textes ne peuvent donc trancher la

question. Quant aux paroles du rapporteur, outre
qu'elles n'ont pas force de loi, elles peuvent prêter
aux mêmes critiques.

Pour résoudre cette question, il faut avant tout
se demander ce que l'on entend par le mot purge.
Selon moi, lorsqu'on parle de purge du droit de
suite, on veut parler non d'un acte unique, mais
d'un ensemble d'actes, constituant une procédure,
dont le but est d'arriver à fixer définitivement le
prix de l'immeuble saisi, à l'égard de tous ceux
qui en vertu de leurs droits de suite, avaient le
droit de le critiquer.

Mais cet ensemble d'actes, cette procédure, cette
purge en un mot, il ne faut pas la confondre avec
une autre déchéance des mêmes droits, qui elle,
résulte bien d'un acte unique, la transcription,
qui marque l'expiration d'un délai après lequel
cette déchéance est encourue. Cette déchéance
peut bien se produire au cours de la procédure de
saisie, mais elle peut également s'appliquer en
dehors d'elle, il ne faut donc pas les assimiler.

En somme, la purge des droits de suite, telle
que nous venons de la définir, commence avec la
saisie. Le commandement lui-même est déjà une
menace, un avertissement donné aux créanciers
hypothécaires que leur gage va être réalisé, leur
droit de suite arrêté, (le conservateur doit refuser
de transcrire une seconde saisie (art. 680, C. de

proc.) et exercé au nom de tous, par le poursuivant, c'est-à-dire que l'immeuble va être vendu
en justice et le prix définitivement fixé.

Cet exercice collectif des droits de suite est sans
doute soumis à des conditions et formalités que
nous avons étudiées et dont l'inaccomplissement
peut faire tomber la procédure, la purge, mais
lorsque cette procédure est arrivée à son but final,
la fixation du prix par l'adjudication, la purge est
terminée ; le reste n'est plus qu'accessoire. Ce résultat auquel vise la saisie toute entière, n'est obtenu qu'au moment de l'adjudication, mais dès
ce moment aussi il est acquis et ne peut plus être
remis en question sous peine de rendre inutile la
loi elle-même. Qu'importe après cela, la transcription ou la non transcription ? la transcription
ne peut produire un effet qui existe déjà et son
absence ne peut le détruire, puisque la loi toute
entière et la procédure qu'elle organise, ont pour
but de l'assurer (1).

C'est donc l'adjudication elle-même qui purge
tous les droits de suite.

Bien entendu, ce résultat ne peut se produire
que si la procédure n'est pas entachée de nullité et
si toutes les formalités prescrites ont été observées.

(1) Garsonnet, § 710, p. 266.

On peut citer notamment parmi les hypothèses
où cet effet ne se produirait pas :

1º Celle d'une saisie effectuée *super non domino* :
Une telle saisie serait nulle ; l'adjudication qui la
suivrait ne pourrait conférer à l'adjudicataire plus
de droits que n'en n'avait le saisi lui-même. Les
hypothèques inscrites sur cet immeuble ne pourraient être purgées, alors même que les créanciers auraient reçu les sommations prescrites ;
ceux-ci en effet n'ont pu être liés efficacement à
une saisie à laquelle ils sont complètement étrangers, puisque leur hypothèque porte sur un immeuble qui n'aurait pas dû être saisi (1).

2º Une saisie, dans laquelle les notifications
prescrites par l'article 692, n'auraient pas été
adressées à tous les créanciers inscrits. C'est en
effet une condition essentielle de la purge, et le
créancier qui n'aurait pas reçu cette sommation
par la faute du poursuivant, pourrait critiquer le
prix de l'adjudication qui ne serait pas définitif
quant à lui.

On présente généralement comme une condition de la purge, le paiement ou la consignation
par l'adjudicataire du prix d'adjudication. L'article 2186 Code civil, dit-on, qui indique cette condition en matière de purge volontaire, s'applique

(1) Garsonnet, § 710, note 15 ; Req. 2 déc. 1878. (D. 79. 1. 259.

également en matière d'adjudication : « ... lequel est, en conséquence, libéré de tout privilège et hypothèque en payant ledit prix aux créanciers qui seront en ordre de recevoir ou en le consignant. »

Je ne crois pas pour moi que le défaut de paiement ou de consignation du prix empêche la purge des droits de suite. Pour qu'il en fût ainsi, il faudrait que le prix fixé par l'adjudication pût être remis en question par les créanciers hypothécaires. Or nous avons vu au cours de cette étude, que la folle enchère, à laquelle est exposé l'adjudicataire qui ne remplit pas les conditions du cahier des charges, n'a pas pour effet de remettre en question le sort de l'adjudication, mais bien d'en assurer l'exécution. Alors même que l'immeuble est revendu sur folle enchère, le prix reste toujours fixé au montant de l'adjudication par rapport aux créanciers, puisque l'adjudicataire reste tenu de la différence de prix. L'on ne peut donc pas dire que les droits de suite ne soient pas purgés, puisque les créanciers ne critiquent pas dans ce cas, le prix définitivement fixé par l'adjudication première. Seulement comme tout vendeur non payé, ils ont un privilège pour obtenir le paiement de ce prix.

C'est donc un nouveau droit de suite qui résulte pour la masse des créanciers du fait même de l'ad-

dication et non l'exercice des anciens droits de
suite qui eux sont purgés par le jugement d'adjudication.

Ce nouveau privilège leur donne le droit de
faire revendre l'immeuble à la folle enchère de
l'adjudicataire, pour le paiement du prix d'adju-
cation. Ce privilège, peut d'ailleurs comme tout
droit réel accessoire, s'exercer soit contre l'adjudicataire débiteur personnel, soit contre tout tiers
acquéreur qui serait obligé de le purger.

Sous la réserve de ces observations, le jugement
d'adjudication purge donc tous les droits de suite
qui peuvent grever l'immeuble. Nous allons les
indiquer sucessivement.

Parmi les hypothèques il nous faut distinguer
celles qui sont soumises à l'inscription pour la
conservation du droit de suite et celle qui en sont
dispensées.

α) *Hypothèques soumises à l'inscription*. —
Toutes ces hypothèques sont frappées de déchéance
lorsqu'elles n'ont pas été inscrites avant la transcription du jugement d'adjudication. Cette transcription, en effet, arrête le cours des inscriptions
et purge toutes les hypothèques non inscrites à
cette époque.

Parmi les hypothèques inscrites avant la transcription du jugement d'adjudication, il faut distinguer encore :

1º Celles qui sont inscrites au moment des sommations. Le créancier, dont le nom figure dans
l'état des inscriptions, délivré par le conservateur
des hypothèques, doit nécessairement recevoir
une sommation. Celui qui n'aurait pas été ainsi
sommé, conserverait son droit de suite, mais celui,
qui bien qu'ayant inscrit son hypothèque, aurait
été omis dans cet état, n'en perdrait pas moins
ce droit de suite, sauf son recours contre le conservateur (art. 2198, C. civ.), comme celui aussi
qui n'aurait pas reçu les sommations faute d'avoir
élu domicile dans son inscription.

2º Seraient également purgés en vertu du principe général, les hypothèques qui ne seraient inscrites, qu'après l'époque des sommations, mais
avant l'adjudication. Le poursuivant n'est pas
tenu de leur adresser de sommation car il n͗ les a
pas connues et à l'impossible nul n'est tenu. Ces
créanciers sont en faute de s'être inscrits si tard
et d'ailleurs la publicité de la saisie ne peut manquer de les toucher.

3º L'adjudication purge-t-elle également les hypothèques inscrites du chef des précédents propriétaires dont les actes d'aliénation n'ont pas été
transcrits ?

La raison de douter, vient de ce que, d'après la
loi du 23 mars 1855, l'aliénation non transcrite
n'existe pas vis-à-vis des tiers. Le créancier hypo-

thécaire, peut-on dire, est un tiers qui est toujours
fondé à considérer l'immeuble comme faisant partie du patrimoine de son débiteur, et pour qui la
saisie est nulle.

Nous supposons que Primus a hypothéqué son
immeuble à Secundus, puis l'a vendu à Tertius
qui n'a pas fait transcrire son acte d'acquisition ;
l'immeuble est saisi sur Tertius et adjugé. Le
droit hypothécaire de Secundus est-il purgé dans
ces conditions, par la transcription du jugement
d'adjudication, ou faut-il décider au contraire que
cette purge ne se produirait qu'autant que le
poursuivant ou l'adjudicataire auraient pris soin
de faire trancrire préalablement la vente consentie
par Primus à Tertius ?

Si l'on voulait appliquer strictement la loi du
23 mars 1855, il faudrait décider sans doute que
pour le créancier hypothécaire Secundus, le propriétaire Primus ne peut être dépossédé que par
une transcription faite à son nom sur le registre
du conservateur des hypothèques et par conséquent
qu'à défaut de cette transcription, son droit hypothécaire ne peut être purgé par la seule transcription de l'adjudication. Mais il faut tenir compte
ici des circonstances particulières où l'on se trouve
et rejeter cette conséquence rigoureuse de la loi
de 1855.

Cette transcription de la première aliénation
que l'on devrait logiquement exiger de la part du
poursuivant ou de l'adjudicataire, peut être ren-

due absolument impossible par le mauvais vouloir
du saisi qui n'a pas fait transcrire son acte d'acquisition et qui refuse tous renseignements sur
les précédents propriétaires. La loi manquerait
donc son but en enlevant à ces acquisitions, faites
en son nom, la sécurité qu'elle tend partout à leur
assurer. D'ailleurs l'article 717 est conçu en termes
généraux : « Le jugement d'adjudication purge
toutes les hypothèques », et la grande publicité
qui entoure la saisie immobilière, justifie suffisamment la purge de ces hypothèques.

4° Enfin sont purgées au point de vue du droit
de suite, toutes les hypothèques non inscrites au
moment de l'adjudication, et qui ne le seraient que
postérieurement, mais avant la transcription ;
l'inscription prise dans ces conditions ne peut
leur conserver que le droit de préférence.

β) *Hypothèques légales dispensées d'inscription.*
— Sont purgées par l'adjudication, toutes les hypothèques dispensées d'inscription, inscrites ou
non inscrites, qui ont pris naissance avant l'adjudication; celles qui ne naîtraient que postérieurement, ne conféreraient qu'un droit de préférence.

Celles qui étaient inscrites au moment des sommations ou « qui auraient pu être connues du
poursuivant d'après son titre » (art. 692, 2°) ne
seraient pas purgées à défaut de ces sommations ;
toutes les autres le seraient, les mesures de publicité collective prescrites par les art. 692 et 696
in fine, ayant suffisamment révélé aux créanciers

la saisie et la transformation de leurs droits de
suite.

La situation est la même au point de vue de la
purge des droits de suite, depuis la loi du 21 mai
1858, pour les hypothèques légales et pour les
hypothèques soumises à l'inscription. Nous avons
vu que cette assimilation n'avait pas été obtenue
sans efforts.

γ) *Privilèges.* — Ce que nous venons de dire de
la purge des hypothèques s'applique également aux
privilèges, qui ne sont que des hypothèques privi-
légiées. Les mêmes raisons existent pour les uns
comme pour les autres.

En principe, nous savons que les privilèges pour
produire leur effet (art. 2095 et s., Code civil), sont
soumis aux mêmes conditions de publicité que les
hypothèques, c'est-à-dire qu'ils doivent être inscrits.

Les privilèges inscrits avant l'adjudication, seront purgés par l'adjudication quant au droit de
suite. Pour ceux qui ne seraient pas inscrits à
cette époque, l'inscription prise avant la transcription ne peut plus leur conserver que le droit
de préférence ; le défaut d'inscription avant cette
même transcription leur fait perdre même ce droit
de préférence.

Telle est la règle, mais nous savons que certains privilèges sont traités plus favorablement.

Quelle est leur situation en présence d'une adjudication sur saisie?

1° Dabord les privilèges généraux qui portent à la fois sur les meubles et les immeubles (art. 2101 Code civil et 2104 Code civil. — Ces privilèges dispensés d'inscription quant au droit de préférence, y sont néanmoins soumis quant au droit de suite. Ils rentrent dans la règle quant à la purge du droit de suite.

2° Les privilèges du vendeur et du co-partageant (art. 6, loi du 23 mars 1855) peuvent exceptionnellement être inscrits pendant les 45 jours qui suivent la vente ou le partage, nonobstant toute transcription d'actes faite dans ce délai.

L'adjudication est-elle un de ces actes dont la transcription ne peut s'opposer à l'inscription de ces privilèges? Non, car entre le début de la saisie immobilière et la transcription de l'adjudication, il s'écoule au moins 90 jours ; dès lors, au moment de cette transcription, le délai de 45 jours étant écoulé, le privilège sera ou conservé ou perdu. Conservé? il sera purgé quant au droit de suite par l'adjudication ; perdu comme privilège? il ne sera plus qu'une simple hypothèque soumise à l'inscription et rentrant dans la règle générale.

3° Quid du privilège de séparation des patrimoines? La question ne se pose bien entendu, que pour ceux qui lui reconnaissent un droit de suite en vertu de son inscription (2111, Code civil) (1).

On prétend dans cette opinion, que l'inscription prise dans les six mois de l'ouverture de la succession, conserve le droit de suite, même lorsque cette inscription est postérieure au jugement d'adjudication.

Je ne puis admettre ce système qui serait contraire au but même de la saisie immobilière et qui constituerait, au profit des créanciers de la succession, une faveur qui n'est même pas accordée aux hypothèques légales dispensées d'inscription, qui sont cependant beaucoup plus favorables (2).

On peut donc dire qu'il n'y a aucune exception à la règle que nous avons posée et qu'aujourd'hui le jugement d'adjudication purge tous les droits de suite, qu'ils résultent de privilèges ou d'hypotèques, qu'il s'agisse d'hypothèques légales, judiciaires ou conventionnelles.

S'il y a une différence entre ces droits réels, ce ne peut plus être qu'au point de vue du droit de préférence.

Quant à ces droits de préférence, la purge ne les atteint pas immédiatement; s'ils ne peuvent plus s'exercer utilement dans la suite, c'est en raison de certaines déchéances qui les frappent

(1) Demolombe, tome XVII, n" 208 et suivants,
(2) Garsonnet, tome IV, p. 273,

soit par suite de l'inscription à laquelle ils sont soumis et qui n'a pas été prise en temps utile, soit pour ceux qui existent indépendamment de toute inscription, par suite de la nécessité ou l'on est, de mettre un terme à la procédure d'ordre.

Quoiqu'il en soit, ces droits de préférence, n'intéressent pas l'adjudicataire et du moment qu'il a consigné son prix, il est à l'abri des créanciers hypothécaires puisque leurs droits de suite sont purgés. Le but de la saisie est atteint. La propriété qui lui est transférée, est affranchie de tous droits réels accessoires et les créanciers dont les droits sont ainsi réalisés par anticipation, n'ont pas à se plaindre, car la surenchère du sixième comme nous l'avons vu, leur est une garantie suffisante de cette bonne réalisation.

Nous devons parler en terminant de la règle inscrite dans l'article 710 : « Lorsqu'une seconde adjudication aura eu lieu après la surenchère ci-dessus, aucune autre surenchère des mêmes biens ne pourra être reçue ».

Cette règle que l'on exprime ainsi: surenchère sur surenchère ne vaut, signifie que lorsqu'à la suite d'une première adjudication, une surenchère du sixième aura été formée dans le délai de huitaine, et qu'une seconde adjudication aura eu lieu en conséquence, l'adjudication de l'immeuble ne pourra plus être remise en question une troisième fois, par suite d'une nouvelle surenchère.

Cette règle était utile à poser lors de la loi de 1841, où elle mettait fin à une controverse qui s'élevait à cette époque, sur le point de savoir si les créanciers dont les hypothèques n'étaient pas purgées par l'adjudication (hypothèques légales), conservaient même après une adjudication sur surenchère, le droit de surenchérir du dixième.

Mais aujourd'hui elle a perdu cette utilité en raison du principe général et de la purge de toutes les hypothèques sans exception.

Aujourd'hui où tous les créanciers hypothécaires sont rattachés à la procédure de saisie et leurs droits de suite purgés par l'adjudication, il n'y a plus à se préoccuper de cette surenchère du dixième qui est étrangère à la saisie et spéciale à la purge volontaire, comme la surenchère du sixième et les garanties de la saisie immobilière sont spéciales à l'expropriation forcée.

Cette règle ne signifie donc plus qu'une chose : c'est que, lorsque l'immeuble aura été adjugé sur surenchère, aucune autre surenchère du sixième ne pourra plus être reçue à l'effet de critiquer le prix d'adjudication.

Mais les conséquences de cette règle sont bien différentes selon qu'elle s'applique aux ventes sur expropriation forcée ou au contraire aux ventes judiciaires volontaires. Dans les premières la double garantie résultant d'une part des mesures de publicité, d'autre part du rattachement des créanciers inscrits à la procédure, justifie suffisam-

ment la purge des privilèges et hypothèques opérée
dès la première adjudication. Dans les ventes judiciaires volontaires, il n'en est plus de même. Si
la première garantie la publicité existe, la seconde fait défaut ; les créanciers ne sont pas reliés
à la procédure par des sommations analogues à
celles des art. 692 et 696 ; la purge des hypothèques ne se justifierait plus dans ce cas, aussi
l'adjudication qui intervient à la suite de ces ventes n'opère-t-elle pas cette purge.

Mais cette première adjudication, nous l'avons
vu, peut être frappée dans la huitaine d'une surenchère du sixième, ce qui entraîne forcément
une nouvelle adjudication. C'est alors que grâce à
la règle surenchère sur surenchère ne vaut on
aboutit indirectement à la purge de ces mêmes
droits, puisque le prix de l'immeuble ne peut plus
être remis en question.

Telle est la portée de la règle surenchère sur
surenchère ne vaut, qui se justifie assez par la nécessité de mettre un terme à la procédure et à
cette masse ruineuse de frais qui se prélève sur le
gage commun. Une nouvelle surenchère d'ailleurs
serait probablement inutile, une troisième adjudication superflue.

L'immeuble est dès lors censé avoir atteint sa
véritable valeur ; les droits de chacun ont été res-
pectés ; la liberté de la propriété immobilière a été
favorisée. C'est là le résultat que depuis notre ancien droit, toutes nos lois sur l'expropriation forcée ont cherché à atteindre le plus sûrement, le
plus rapidement, le plus économiquement possible.

POSITIONS

DROIT ROMAIN

POSITIONS PRISES DANS LA THÈSE

I. — Les avocats ne sont pas tenus de rendre les hono-
raires qu'ils ont touchés, lorsqu'une circonstance fortuite,
étrangère à leur personne, les empêche de soutenir en
justice, la cause qu'ils ont étudiée.

II. — Lorsque l'ouvrier s'oblige à fournir, moyennant
une somme d'argent, et son travail et la matière à laquelle
il doit s'appliquer, on se trouve en présence d'un contrat
de vente et non d'un louage.

III. — Les risques de la chose volée sont toujours pour
le voleur, alors même qu'il prétendrait que cette chose eut
également péri entre les mains du volé.

IV. — Le débiteur d'un mineur de vingt-cinq ans n'est
pas par cela seul, considéré comme étant en demeure et
répondant des risques.

POSITIONS PRISES EN DEHORS DE LA THÈSE

1. — L'accomplissement de la prescription trentenaire
ne laisse subsister aucune obligation naturelle à la charge
du débiteur.

II. — Le droit de demander le partage est imprescriptible.

III. — Lorsqu'un militaire était décédé, ceux qui recueillaient son pécule *castrans* et ceux qui succédaient à ses *bona adventitia* n'étaient pas co-propriétaires.

IV. La propriété romaine (*dominium*) a d'abord été une institution exclusivement civile.

DROIT CIVIL

POSITIONS PRISES DANS LA THÈSE

I. — L'adjudicataire qui promet une somme d'argent au surenchérisseur, pour l'engager à renoncer à la surenchère, se rend coupable du délit d'entraves à la liberté des enchères (A. 412, C. pén.). Son obligation ayant une cause illicite ne peut produire aucun effet.

II. — Le créancier dont le droit de suite n'est pas purgé par l'adjudication, peut saisir l'immeuble sur l'adjudicataire à moins que celui-ci ne recoure à la purge volontaire.

III. — Lorsque l'adjudicataire est obligé de recourir à la purge volontaire contre un créancier dont l'hypothèque n'a pas été purgée par l'adjudication, celui-ci peut ne surenchérir que du dixième.

IV. — La sommation de l'article 692, C. de proc. doit être adressée non-seulement au vendeur non payé, mais encore à toutes les personnes qui ont été subrogées à ses droits.

POSITIONS PRISES EN DEHORS DE LA THÈSE

I. — La communauté de domicile des époux est une conséquence de la communauté d'habitation.

II. — Un acte qui ne contiendrait aucune disposition de biens, ne serait pas un testament alors même qu'il serait revêtu des formes légales des testaments.

III. — Lorsqu'il est prouvé que l'enfant dont on conteste la légitimité, est né plus de 300 jours après la dissolution du mariage, les juges doivent nécessairement prononcer son illégitimité.

IV. — Le droit de l'emphytéote est un droit réel.

MATIÈRES DIVERSES

DROIT CONSTITUTIONNEL

I. — Si le droit exclusif de nommer les magistrats n'est pas de l'essence même du pouvoir exécutif, il constitue cependant une de ces prérogatives traditionnelles qu'il ne serait pas sans danger de lui enlever.

DROIT DES GENS

II. — Si l'on doit désirer de plus en plus, le développement des arbitrages en droit international, on ne saurait y voir la solution de tous les litiges internationaux ni le gage d'une paix générale qui n'est malheureusement qu'une illusion.

DROIT ADMINISTRATIF

III. — Le jugement d'expropriation ou le jugement qui constatela cession amiable de l'immeuble exproprié, purge tous les droits réels qui grevaient cet immeuble. Les créanciers qui n'ont pas perdu leur droit de suite (Inscription dans les 15 jours de la transcription) n'ont plus que le droit d'exiger la fixation de l'indemnité par le Jury.

IV. — L'exproprié n'a pour le paiement de l'indemnité qu'une seule garantie, un droit de rétention ; il ne peut avoir ni privilège ni action en résolution.

Vu par le doyen   *Vu par le Président de la thèse*

COLMET DE SANTERRE.   GARSONNET.

Vu et permis d'imprimer ;

Le Vice-Recteur de l'Académie de Paris

GRÉARD.

TABLE DES MATIÈRES

DROIT ROMAIN

DE LA

PERTE DE LA CHOSE DUE

DROIT FRANÇAIS

DE LA

SURENCHÈRE DU SIXIÈME

Nancy, imprimerie A. Nicolle, 25, rue de la Pépinière

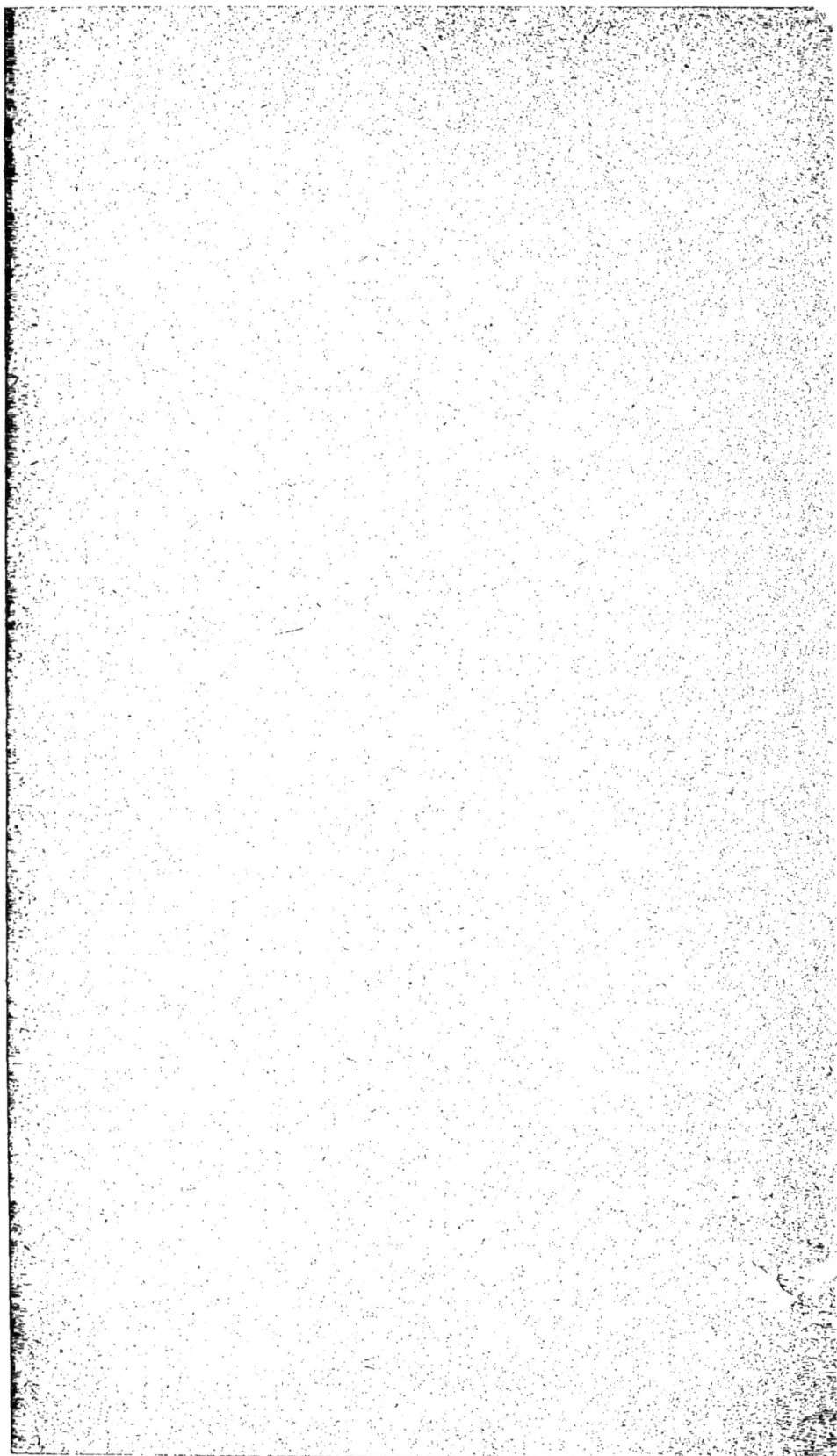

NANCY, IMPRIMERIE A. NICOLLE, 25, RUE DE LA PÉPINIÈRE.

www.ingramcontent.com/pod-product-compliance
Lightning Source LLC
Chambersburg PA
CBHW071628200326
41519CB00012BA/2202